100세 시대 자기계발

중년을 넘는 기술

15가지 방법 조계형

자신의 의지와 상관없이 수많은 전쟁을 치른다. 승자의 기쁨과 패자의 슬픔, 평화의 안도감이라는 씨줄과 날줄로
삶이 엮어지는 것이다. 공격해야 할지 방어해야 할지 타협해야 할지 혹은 누군가가 대신 싸워줘야 할지 선택해야
한다. 중년 이전의 싸움상대가 타인이었다면 중년부터는 자기 자신이다. 자신과의 전쟁을 해야 한다.

지식공감

프롤로그

   중년은 제2의 사춘기다. 내면의 성찰이 중요한 시기다. 어찌 보면 산다는 것은 '로버트 그린'이 '전쟁의 기술'에서 성찰한 것처럼 전쟁과도 같다. 자신의 의지와 상관없이 수많은 전쟁을 치른다. 승자의 기쁨과 패자의 슬픔, 평화의 안도감이라는 씨줄과 날줄로 삶이 엮어지는 것이다. 공격해야 할지 방어해야 할지 타협해야 할지 혹은 누군가가 대신 싸워줘야 할지 선택해야 한다. 중년 이전의 싸움상대가 타인이었다면 중년부터는 자기 자신이다. 자신과의 전쟁을 해야 한다.

   중년의 터널 12년을 지내오면서 겪은 이야기를 소설형식으로 구성해 보았다. 타인과의 전쟁도 있었지만, 자신과의 전쟁이 대부분이었다. 자신과의 전쟁이 핵심이었다. 남의 탓으로 불가피하게 일어나는 영향은 통제하기 어렵다. 그러나 자신은 통제할 수 있다. 중년기 자신과의 싸움에서 이기면 길어진 인생의 노년기를 대비할 수 있다. 이 책은 중년기 자신과의 싸움을 돕고자 구성한 것이다. 자기를 계발하고자 하는 많은 중년층을 만나면서 함께 고민했던 내용들이다. 15가지의 방법으로 중년을 넘어 노년기를 준비하기 바란다.

목차

1장

100세 수명
남의 일이 아니다

고은아 선생의 눈망울은 초롱초롱하고 매무새는 단정했다. 마치 생도와도 같이 경직된듯하였다. 하긴 사회에 첫발을 내딛는 사람의 당연한 모습일 것이다. 새로운 사람을 만난다는 것은 항상 기대를 갖게 해준다. 장차 함께 할 시간들에 대한 긍정적인 기대다. 이 말은 반대의 경우 실망한다는 것이다. 두 가지의 경우를 모두 겪어온 정부장은 기대하는 쪽으로 생각하면서 오팀장을 흘끔 쳐다본다. 모든 직원이 기대하는 쪽으로 발전하면 좋겠지만 그야말로 기대일 뿐이다. 양쪽이 아닌 중간 어딘가에 속한 직원들과 함께 조직은 굴러간다.

"고선생 집은 어딘가요?"
"경기도 안산입니다."
"방은?"
"인근에 구했습니다."
"음 우리기관에서 함께 근무하게 되어 반갑고, 열심히 해주세요."
"네, 감사합니다. 열심히 하겠습니다."

생도처럼 대답을 마친 고선생은 정부장과 스치듯 눈을 마주보고 돌아섰다. 첫 출근이 긴장돼 보였지만 의욕이 강해보였다. 정부장은 자신의 신입사원 시절을 떠오른다. 나는 어느 쪽이었을까? 중간쯤이었던 것 같다. 유난히 자신에게 엄격했던 부장이 떠오른다. 부장이 회사를 옮기고 나서야 자신이 부장 때문에 많이 성장한 것을 느꼈다. 여섯 장인가 장문의 감사편지를 보냈고, 딱 한 번 찾아갔다. 부장의 회사에서 만든 시계를 선물로 받은 기억이 난다. 자신의 과거 부하직원이지만 찾아온다는 것이 기특했던 모양이다.

정부장은 모니터를 주시하면서 짜증이 가득했다. 도대체 대학시절을 어떻게 보냈기에 이 모양인지 이해가 안됐다. 내용은 고사하고 문서작성의 기본이 모자랐다. 이런 직원은 인턴으로 일을 시켜보고 채용했어야 하는데 그런 제도가 없으니 안타깝다. 본인이 작성하고도 본인이 이해하지 못할 내용이 많았다. 팀장의 자리에는 유자격자가 배치되어야 하는데 지역에는 유자격자가 별로 없어서 지역 밖의 인원을 채용한 것이다.

"오팀장, 와볼래요."
"……."
사람이 부르면 대답을 해야 하는데, 부른다는 것에 못마땅한 오팀장의 태도가 하루 이틀이 아니다.
"앉아 봐."
"……."
"이게 무슨 뜻이야?"
"……."
"본인이 문서에 넣었으면 무슨 뜻인지 알아야 하지 않나?"
"자료를 찾아보다가 필요한 것 같아서요."
"왜 필요한데?"
"……."
"본인이 다 이해하고 제출하든지 이해 못 하는 내용은 빼고 다시 작성하든지 해."

"그리고 사람이 부르면 대답 좀 하고."

"네……."

알겠습니다. 하고 덧붙이면 안 되나? 정부장은 말하려다 말았다. 때로는 직원에 대해 포기하고 싶을 때가 있다. 그러나 포기한다는 것은 괴로운 일이다. 열 명의 직원에서 한 명은 10%에 해당한다. 그런데 그 한 명이 팀장이면 얘기가 다르다. 스스로 나아지려는 노력이 없는 한 방법이 쉽지 않은 게 문제다. 첫인상은 좋았는데, 희귀종이 하필 이곳에 등장했는지.

강의실에 들어선 정부장은 학생들의 눈빛을 받아냈다. 늦깎이 학생들의 눈빛은 확실히 다르다. 출석을 부르며, 학생들의 얼굴을 익히려고 노력해본다. 이삼십대도 더러 보이지만 사오십대가 대부분인 것 같다. 정부장은 대학에서 강의를 철저히 준비했다. 교수법에 관한 책이나 자료를 꽤나 구해보면서 강의를 준비한 것이다. 평생교육을 전공한 만큼 성인학습자들의 의욕에 대해 이해하고 있기 때문에 많은 준비가 필요했다. 비싼 학비 내고 야간에 이곳에 앉아 있다는 것만으로도 자발성이 충분한 것이다. 스스로 하고 싶어 하는 공부가 얼마나 중요한지 정부장이 겪어왔기 때문이다.

"저는 여러분들에게 조금은 다른 방식으로 강의를 할 것입니다."

다른 방식이라니 하는 표정으로 집중했다.

"왜냐하면 저도 여러분들과 같은 학생이거든요. 현재 박사과정 중에 있습니다. 그래서 여러분들의 심정을 이해합니다. 교재를 중심으로 할 강의가 시험 빼면 열네 번입니다. 여러분들이 읽어서 이

해할 부분은 과감히 생략하겠습니다. 그 대신 제가 겪은 것을 중심으로 여러분들에게 꼭 필요한 얘기를 매 강의시마다 조금씩 하겠습니다. 제목은 자기계발을 위한 '짤막 특강'입니다."

"혹시 본인의 직업을 말해줄 수 있을까요?"
"네 저희 지역의 박물관에서 일하고 있습니다."
"공부하시는 특별한 이유가 있으신가요?"
"지금 직장이 계약직인데다가 그만두게 되면 이 분야에서 일해볼 수 있을까 해서요."
"몇 살까지 사실까요."
"글쎄요 80이요."
"제 생각에는 100세까지는 사실 거 같은데요."
"그렇게 오래요?"
"네, 왜 그런지 말씀드리겠습니다."

정부장은 딱 마흔다섯 살에 자기계발을 시작하였다. 그것은 '아침형 인간'이라는 책을 통해서다. 파브르는 '누구에게나 하나의 큰 획을 그어주는 책이 있다.'고 했는데, 그것이 정부장에게는 '아침형 인간'이다. 아침 시간이 오후 네 시간과 맞먹는다는 내용에 충격을 받았다. 다음날부터 오전 7시에 사무실에 나왔다. 그날부터 책을 읽기 시작했다. 업무가 시작되는 9시까지 두 시간은 정부장에게 황금 같은 시간이었다. 문제는 오후 5시쯤 되면 졸음이 오기 시작했다. 아침형 인간에서 주장하는 대로 100일을 버텨야 한다는 생각뿐이었다. 대신 10시쯤 취침해야 했다. 휴대전화도 집에 들어가면서 아예 꺼버렸다. 요즘도 저녁 시간에 정부장에게 전화하는 사람이 없다. 저녁에 전화를 받지 않은지 10년이 넘었기 때문이다. 물론 퍼펙트하게 매일 시간을 지키는 것은 아니지만, 아침형 인간이 되면서 얻은 성과들이 많아졌다.

"평균 수명 100세가 대세입니다. 위생의 개선이나, 의학발달 등으로 누구나 100세까지 살 수 있게 되었습니다. 130세를 예고하는 보고서도 있습니다. 축복일까요? 재앙일까요?"

"재앙이요." 대다수의 학생들이 재앙이라고 응답한다.

"영국 경제일간지 파이낸셜타임스는 '한국 노인들이 변화의 속도에 밀려 내버려져 있다'고 했습니다. 최빈국이었던 한국을 선진국으로 만든 노인 세대가 정당한 대접을 못 받고 있다는 것입니다. OECD국가 중 2011년 한국 노인빈곤은 48.6%로 1위를 차지하였습니다. 2명 중 1명이 빈곤하다는 것이며, 2007년 44.6%보다 늘어났습니다. 이는 전 국민의 빈곤율 대비 세배에 달하며, 노인빈곤은 노인자살률 1위와 무관하지 않은 것이 현실입니다. 빈곤한데다 수입원도 없이 수십 년을 보낸다는 것은 그야말로 재앙일 수밖에 없습니다. 사오십대에 이를 자각하고 준비하지 않으면 나타날 수밖에 없는 결과입니다. 빠를수록 좋다는 것은 두말이 필요치 않습니다. 그런데 여러분들은 빈곤하지는 않을 것 같습니다. 이유가 뭘까요?"

"……."

"우리나라 성인들의 학습참여가 대략 30% 수준입니다. 여기에는 각종 문화센터의 강좌 등이 포함된 것이므로 여러분들과 같이 대학에서 학습하는 성인들은 훨씬 적을 것입니다. 그러니 여러분들은 성인 100명 중 10명 이내의 학습자들이 아닌가 생각합니다. 어때요? 빈곤하지 않을 확률이 높지 않을까요? 여러분들은 당장은 아니더라도 5년 10년 또는 그이상의 미래를 대비하는 것입니다."

"우리나라 평균 은퇴 연령이 53세입니다. 이 자리에도 이미 평균 은퇴 연령을 넘어선 분도 있습니다. 100세까지 산다면 나머지 47년이 무척 걱정스럽습니다. 2012년 한국인의 건강수명이 66세입니다. 건강수명이 점차 늘어나겠지만 자칫 30년 이상을 앓고 지내는 재앙을 맞이할지도 모릅니다. 100세 시대 90세 이상까지 건강하게 살기 위한 특단의 노력이 요구되고 있습니다. 돈도 있어야 하지만 무엇보다 건강해야 할 것입니다. 그런데 운동만 한다고 건강할까요? 운동이야 당연한 것이겠지만, 정신건강이 받쳐줘야 합니다."

"논어 첫 구절에서 '학이시습지 불역열호學而時習之 不亦說乎'라고 했습니다. 배우고 그것을 때때로 익히면 또한 기쁘지 아니한가라는 뜻입니다. 공자 스스로 인생의 가장 큰 즐거움이자 행복은 '배움'이었다고 말했습니다. 앞서 말씀드린 바와 같이 무엇보다도 건강하게 노후를 살아야 하는데, 여러 가지 건강을 위한 노력이 필요하겠지만, 무엇보다도 학습을 하게 되면 건강하고 행복하게 사는 밑거름이 될 것입니다. 특히 성인학습자들은 학습을 통해 몸과 마음이 건강해지는 '학습테라피learning therapy' 효과가 있다고 할 수 있습니다. 학습을 통해 얻어지는 새로운 지식과 자격증 취득, 길어진 수명에 대한 대비로 자존감도 높아질 것입니다."

"여러분들 중에는 베이비붐세대가 다수이십니다. 여러분들은 부모를 봉양하셨겠지만, 부모봉양의 마지막 세대로서 이제 자식에게 봉양을 기대할 수 없게 되었습니다. 억울하다는 생각도 들겠지만 돌이킬 수 없는 시대의 흐름이 되었습니다. 자식들이 맞벌이를 해도 힘겨운 살림이어서 부모봉양을 기대하기 어렵고, 길어진 수명 탓에 자신들의 노후준비도 쉽지 않기 때문입니다. 여러분들은 스스로 노년기를 준비해야만 하는 첫 세대입니다. 부모 봉양이 자식의 의무라던 응답이 1998년 90%였으나 2010년 36%로 급감한 것이 현실입니다."

정부장은 학습자들의 면면을 유심히 관찰했다. 육십 중반쯤으로 보이는 분이 두 분쯤 있었다. 그 나이에 강의실에 앉아 있는 다는 것이 쉽지 않을 것이다. 남자보다는 여자 학습자가 더 많았다. 강의실 있는 연령대에 정부장 자신의 연령들도 함께하고 있었다. 같은 연령대에 학습자와 교수자로 만난 것이다. 이런 현상은 더욱 많아질 것이다. 길어진 수명만큼 평생학습사회가 될 것이고, 분야 또한 다양해질 것이다. 강의실의 학생 중 누군가는 교수자일 수도 있을 것이다.

정부장은 주로 독서를 통한 자기계발을 하다가 마흔일곱에 사이버대학에 편입하였다. 독서를 하다 보면 자연히 미래에 대한 사고를 하게 된다. 구본형의 '공익을 경영하라'를 읽고 많은 것을 느꼈다. 정부장 자신이 비록 작은 조직이지만 비영리조직 공익경영자에 해당했기 때문이다. 무역협회 경영혁신에 대한 리포트형식의 내용을 읽으면서 자신도 이대로는 미래가 불투명하다고 생각했다. 독서를 통해 평생학습이 중요해진다는 것을 느꼈다. 마침 정부장이 사는 도시가 평생학습도시로 선정된 터였다.

스스로 필요하다고 생각하였으니 당연히 즐거운 학습이 되었다. 아침에 일찍 나가서 인터넷으로 강의를 듣고 과제를 하였다. 일곱 개의 강의를 듣고 과제 하는 것이 쉽지 않았다. 휴일에도 나가서 학습을 해야 했다. 이왕이면 박사과정까지 가보자는 욕심이 생겼다. 그것은 좋은 학점을 받아야 한다는 열정을 주었다. 이미 대학과 대학원에서 사회복지와 경영학을 전공하였지만, 평생학습사회에서 평생교육전공자로서 해야 할 역할이 분명할 것이라는 확신을 한 것이다. 비슷한 연령대를 대상으로 강의를 하게 된 것은 결국 자기계발을 꾸준히 한 결과라는 생각이 들었다.

"여러분들은 대한민국의 성장을 이루어낸 세대입니다. 그러나 압축적 고성장을 거듭해온 한국사회에서 일하지 않는 사람은 퇴물취급을 받고 있습니다. 여러분들 주변에 일하지 않는 사람을 보면 어떤 생각이 드십니까? 일을 안 하니까 편안하겠네 입니까? 멀쩡한 사람이 왜 놀지 입니까? 아마도 대부분 후자일 것입니다. 노년기에도 일이 필요해졌습니다. 100세 시대에 가능할 때까지는 일을 해야만 건강하게 살 수 있습니다. 일을 안 하면 퇴물취급 받는 사회에서 일 그 자체가 건강을 담보할 것입니다."

"일은 수입도 있겠지만, 자존감과 자긍심을 높여주기 때문입니다. 일을 한다는 것은 어떤 경우든 필요한 존재로서 살아간다는 것을 증명해주는 것입니다. 통계청자료를 보면, 65세 이상 수입이 있는 노인취업률이 1994년 28.5%에서 2011년 34%로 점차 증가하고 있지만, 아직도 10명 중 7명에 가까운 노인들에게 일이 없습니다. 5년, 10년도 아니고 수십 년을 일없이 보내는 노년기는 결코 건강하기 어렵습니다. 취업노인의 종사 직종을 살펴보면 농림어업숙련종사자 52.9%, 단순노무 26.1%, 판매종사자 7.4% 순으로 나타나 취업의 질에 대해서도 낙관적이지 못합니다."

"저는 아쉽게도 마흔다섯 살에 이대로는 아니라고 자각하였습니다. 그러나 달리 생각하면 그나마 큰 다행이라고 생각합니다. 만약 10년 늦은 쉰다섯 살에 자각했다면 하는 아찔한 생각도 해봅니다. 그렇다면 쉰다섯의 자각은 늦은 것일까요. 그것도 다행이라고 생각합니다. 예순다섯보다는 10년이 빠른 것이니까요. 너무 늦은 때란 없다고 생각하는 것이 바람직합니다. 은퇴를 앞둔 저는 지난 12년 동안 꾸준히 자기계발에 노력하였습니다. 은퇴 후에 맞이할 인생 2막에 대한 준비가 어떤 성과로 나타날지 기대하고 있습니다."

"오늘 첫 번째 강의로 여러분들에게 100세 시대에 대해 말씀드렸습니다. 모든 생물은 번식기까지 생명을 유지한다고 합니다. 인간도 초기에는 그 정도였을 것입니다. 그렇다면 100세는 모든 생물의 수명에 비해 두 배를 산다는 것입니다. 누구나 준비하지 않으면 분명 재앙입니다. 제가 앞서서 자기계발 하면서 고민했던 것을 들려드리는 것은 여러분들에게 학습동기를 높이고자 하는 것입니다. 여

러분들에게 이 시간은 무척 소중합니다. 필요한 것을 배우시고 자격증을 얻으시겠지만 나아가 인생 후반에 대해 준비를 하는 것입니다."

정부장은 60세가 넘어 보이는 남학생에게 질문했다.

"말씀드린 내용에 대해 어떻게 생각하십니까?"

"교수님 말씀에 전적으로 공감합니다. 저도 좀 더 일찍 시작하지 못한 것이 아쉽습니다."

"그래도 지금 시작하셨으니 큰 다행입니다. 어느 95세 노인의 후회라는 글을 본 적이 있습니다. 본인이 그렇게 오래 살 것이라고는 생각지 못했는데 은퇴 후 30년을 허송으로 살았으니 후회가 된다는 것입니다. 30년이면 3분의 1입니다. 그래서 95세에 어학 공부를 시작하시겠답니다. 이유는 105살 때 후회하지 않기 위해서랍니다."

40대 중반쯤인 여성학생에도 같은 질문을 했다.

"저도 전적으로 공감합니다. 다만 길어진 수명에 대해 그리 심각하게 생각하지 않았습니다. 오늘 말씀을 듣고 보니 제가 여기 앉아 있는 이유가 더욱 분명해졌고, 열심히 해야겠다는 생각이 들었습니다. 다행인 것은 저도 교수님과 같이 마흔다섯에 시작한 것이라고 생각합니다."

"네, 여러분들께서 대체로 공감해주시는 것 같아 다행입니다. 그러면 과목수업을 시작하겠습니다."

"부장님 드릴 말씀이 있습니다."

"박선생. 무슨 일 있어요?"

"아무래도 그만둬야 할 것 같습니다."

"……."

"나이 어린 건 그렇다 치고 팀장이면 팀장답게 일을 해야죠!"

"……."

"학부모가 화가 나서 왔으면 진정을 시키고 대화를 해야 하는데, 같이 맞대응을 해버리면 어쩌자는 건지 알 수가 없네요."

"……."

"부장님이 안 계셔서 그냥 가긴 했는데요. 다시 올 거 같아요."

"……."

"제가 나이도 많고, 여기서도 선배고, 그 집 사정도 잘 알고, 그럼 저에게 맡기면 될 일을 팀장이랍시고 꼭 나서야 하냐고요. 저 그만둘래요."

"……."

"왜 아무 말씀 없으세요?"

"알았어요. 일단 진정하시고, 제가 지금 일이 있으니 한 시간 뒤에 다시 얘기해요."

박선생은 자식뻘 되는 오팀장에 대해 잘 예우하는 사람이다. 그러나 워낙 강한 성격이라 경우가 아닌 건 못 참는다. 정부장은 일단 한 템포 걸러야 한다고 생각했다. 성격은 강하지만 담아두지 않는 박선생에 대해 배려가 필요한 것이다.

"오팀장 무슨 일인지 말해보게."

"네. 그게 말이 안 되게 말씀하셔서……. 그 아이가 일요일에 자원봉사 멘토와 만나기로 약속을 했는데 사전연락 없이 나오질 않았습니다."

"그래서?"

"제가 그 아이를 혼내줬거든요. 그런데 애 혼냈다고 와서는……."

"상황을 설명해봐."

"오자마자 왜 우리 애를 혼냈냐고 소리치시잖아요. 그래서 약속을 안 지켜서 혼냈다고 했죠."

"그랬더니?"

"일부러 그런 것도 아닌데 애를 혼 내냐고 그러시는 거예요."

"어디서 대화했는데?"

"제자리에서요."

"왜 상담실로 안 가고?"

"오자마자 그러셔서……."

"꼭 그렇게 맞대응해야 했나?"

"……."

"일단 학부모가 오시면 상담실로 모시고 가야 하는 거 아니야?"

"……."

"감정적으로 오셨더라도 상담실로 모시고 차도 내오고 해야지?"

"……."

"그래서 결론은?"

"다시 오시겠답니다. 부장님을 만나야겠답니다."

"연락처 줘봐! 오시기 전에 먼저 연락드리게."

"네 부장님."

"세상일에는 완충지점이 필요한 일이 많아. 논리적인 일만 있는 것도 아니고."

"네. 부장님"

"박선생님 들어오세요."

"……."

"아까 그 아이 어머님과는 제가 통화했습니다. 별일도 아닌데 시끄럽게 해서 죄송하답니다."

"네. 부장님."

"아까 그만두겠다고 하신 말씀 접으시는 거죠?"

"……."

"그만두는 건 언제나 가능하시잖아요."

"……."

"죄송합니다. 부장님."

"오팀장이 애를 낳아 키워본 사람도 아니니 그런 점이 아직 서투릅니다."

"그래도……. 답답해서요."

"좀 더 참으세요. 어쩌겠어요. 가르치면서 키워야지요."

박선생은 강한 성격답게 맡은 일은 책임지고 한다. 오팀장이 경험이 부족한 탓에 종종 문제를 일으키는 것이 못마땅해 하는 것이다. 이십대 직원과 사십대 직원들과는 많이 다르다. 어려운 시절을 경험하고 살아온 세대와 별 부족함 없이 살아온 세대의 생각차이가 있는 것이다.

"부장님. 오늘 학교 안 가시는 날이죠?"

"네. 안갑니다."

"그럼 저녁에 끝나고 식사하실래요?"

"네. 그러죠."

박선생은 찜찜함을 담아두지 못해서 낮에 있었던 일을 풀어내야 했다.

"부장님 답답해 미치겠어요."

"부장님. 제가 봐도 그래요."

"박선생, 최선생 두 분 심정을 이해합니다. 그래도 자식뻘 되는 젊은 팀장을 이해해주세요."

"이해는 하죠. 모르면 묻던가?"

"묻는 것도 어느 정도는 알아야 묻죠. 이제 두 달 밖에 안됐으니 좀 더 지켜보자고요."

"저래서 제대로 평가받을까요?"

"베테랑인 선생님들이 있잖아요."

"에이. 부장님은 무슨 베테랑이라고 하세요."

"작년 하반기에 팀장이 공석일 때도 우수평가를 받았으니 잘 될 겁니다."

"암튼 부장님이 책임지세요."

"네?"

"오팀장을 잘 교육하시라고요!"

"네. 그렇게 할 테니 선생님들도 오팀장의 장점을 중심으로 봐주세요."

"장점이요?"

"네. 장점이요. 선생님들이야 나이도 있고 사회경험도 풍부하니까 대처방안이 풍부하지만 오팀장은 초년병이잖아요."

"……."

"어? 그렇게 약속해주셔야 저도 오팀장을 교육할 건데?"

"그래도 그게……."

"약속입니다!"

"알겠습니다. 부장님. 약속하죠."

2장

강점을 찾고 강화하라

오팀장은 팀원들보다 나이가 한참 어렸다. 그래도 나이 많은 직원들은 팀장 대우를 위해 노력하고 있었다. 산전수전 다 겪은 나이에 팀장이 나이 어린 것쯤이야 참을 만한 것이라고 여기는 것 같다. 팀장업무가 컴퓨터로 작업해야 할 것이 워낙 많으니 차라리 잘 됐다 싶을 수 있고, 젊으니까 컴퓨터를 잘 다룰 것이라고 믿었다. 막상 일을 시작해보니 그게 아니라는 걸 안 팀원들은 내심 불안해하였다. 그 나이에 드물게 컴맹에 가까웠다. 이력서에 있었던 몇 종류의 컴퓨터 자격증은 뭐란 말인가? 정부장은 오팀장 문제가 고민스러웠다.

정부장 옆에는 항상 간이의자가 있다. 직원들이 작성한 서류를 모니터를 보면서 협의할 때가 많아서다. 오팀장이 운영하는 사업은 해당 사이트에 운영사항을 기재하게 되어있다. 검색해보니 열흘 치나 밀려있었다. 공개적으로 호통치려는 마음을 가라앉히면서 오팀장을 불러 앉혔다.

"오 팀장, 사업관리 사이트에 입력이 열흘씩이나 밀리면 어떻게 하나!"
"좀 바빠서요."
"아니 이건 팀장의 주요업무이고, 평가에도 영향을 미친다는 걸 모르나."
"곧 하겠습니다."
"곧 이라니, 그렇게 애매하게 대답하면 어떡해! 정확히 언제까지 할 건가?"

"내일 오전까지는 다 하겠습니다."

"내일 오전까지면 할 수 있는 일을 왜 미루고 있어?"

"죄송합니다."

"오팀장 때문에 기관 전체에 나쁜 영향을 주게 되잖아!"

"……."

"앞으로 하루라도 미루면 각오해!"

"네……."

　신규직원인 고선생이 출근한 지 일주일이 지났다. 다행히 정부장이 기대할만한 직원이었다. 업무태도가 분명하고 조직에 잘 적응하고 있었다. 직원들의 업무태도는 매우 중요하다. 업무지시를 받거나 보고하는 태도를 보면 그 직원의 성과에 짐작이 간다. 정부장의 경험으로는 태도가 바로 성과라는 공식이 틀리지 않았다. 그런 점에서 고선생은 합격이었다. 정부장은 내일 저녁에 있을 대학 강의에 고선생을 데려가고 싶었다. 대학 강단의 서는 꿈을 심어주고 싶었다. 전에 같이 근무했던 직원에게도 그런 권유를 했었고 실제로 대학 강단에 섰기 때문이다. 오팀장에게도 권유했지만, 약속이 있어서 못 간다고 했다. 젊은이들이 퇴근 후 상사의 권유를 달갑지 않게 생각하는 것은 당연하겠지만, 발품의 중요성을 모르니 어쩔 수 없다. 달갑게 발품을 파는 직원들은 덩달아 성과도 좋았다.

"고선생 잠시 와보세요!"

"네. 부장님."

"자신의 강점을 메모해서 나에게 보내주세요."

"네! 강점이요"

"그래, 강점"

"혹시 장점 말씀하시는 게 아니신지……."

"뭐 비슷할 수도 있지만, 암튼 메모해서 보내줘요."

"죄송하지만 언제까지 제출할까요."

"음 급한 건 아니니까 잘 생각해보고 내일 오전까지 해주세요."

"네, 그렇게 하겠습니다. 부장님. 한 가지 말씀드려도 되는지요?"

"어 뭔데요?"

"제가 부장님 자식뻘 나이인데 말씀을 높이시니 좀 불편해서요."

"아 그런가? 이제부터는 편하게 하지."

"네. 감사합니다. 부장님."

"아. 그리고 내일 저녁 시간 있나?"

"네. 부장님 시간 있습니다."

"아. 그럼 잘됐군, 시간 비워두게"

"네. 그렇게 하겠습니다. 부장님"

고선생과 함께 강의실로 들어섰다. 지난번 짤막 강의에 대해 몇 몇 학생들에게 모니터해본 결과 반응이 괜찮았다. 학생들의 표정에 서도 그것을 읽을 수 있었다. 함께 들어온 고선생에 대한 학생들의 눈길이 누구냐고 묻고 있었다.

"아. 누구냐고요?"

"제 딸입니다."

"와……!"

학생들은 호기심과 놀라움으로 눈이 커졌다.

"농담이었습니다. 사실 저는 딸이 없습니다. 여기 고선생은 제 근무처의 신입직원입니다. 사무실에서 별도로 강의 기회가 없어서 청강생으로 참석시키고자 합니다. 괜찮겠습니까?"

모두 괜찮다고 대답하면서도 별로 경험해보지 못한 상황이라는 생각을 읽을 수 있었다. 정부장은 고선생에게 사전 언질을 하지 않았다. 오전에 제출한 고선생의 강점에 대해서도 반응을 하지 않았다. 그 답을 짤막 특강에서 할 것이 때문이다.

"강점이 무엇입니까?"

둘째 줄의 40대 후반쯤 학생에게 물었다.

"교수님 장점이요?"

"아니요, 강점이요."

"장점은 생각해 봤는데, 강점은 생각해보지 못했습니다."

"그럼 장점은 무엇인가요?"

"글쎄요, 대인관계가 좋다고들 하구요, 추진력이 있다고도 합니다."

"이런 분이 과대표를 하시면 좋겠네요."

"어머! 교수님 제가 과대표에요. 점집 차리셔야겠네요. 지난주에 뽑혔거든요."

"아 그래요, 축하합니다. 여기 삼색 볼펜을 하나 드리겠습니다."

정부장은 수업 때마다 삼색 볼펜을 10개씩 가지고 다닌다. 학생들의 대답을 유도하기 위해서다. 받아도 안 받아도 크게 상관없는 정도인 것을 준비한다. 주입식에만 익숙해진 학생들에게 발표의 기회를 많이 주는 방향으로 수업을 준비하였다.

"사전적으로 보면 장점은 '어떤 대상에게 있어서, 긍정적이거나 좋은 점'을 말합니다. 강점은 '남보다 뛰어나거나 유리한' 점이죠. 장점은 타인을 대상으로 한다면, 강점은 타인과의 비교입니다. 앞서 말씀하신 학생의 대인관계는 장점에 가깝고, 추진력은 강점에 해당하는 것 같습니다. 오늘 드리고자 하는 말씀의 핵심은 강점에 관한 것입니다."

"사람은 누구나 강점이 있습니다. 물론 약점도 있지요. 약점을 보완하는 것도 중요하지만, 강점을 더욱 계발하는 데 노력하는 것이 중요하다고 생각합니다. 문제는 자신의 강점이 무엇인지 제대로 알지 못하는 데 있습니다. 강점은 개인이 가진 가장 중요한 자산입니다. 가장 중요한 자산이 무엇인지 이해하지 못한 채 자기계발 한다고 여기저기 기웃거리는 사람이 의외로 많습니다. 그래서는 시간과 비용을 효율적으로 사용하기 어렵습니다. 만나는 사람들에게 강점 찾기를 권해도 실천하는 사람은 열에 한 명 정도입니다. 강점은 남보다 뛰어나거나 유리한 점으로 성과를 지속하는 것이라 할 수 있습니다."

"자신의 강점을 찾아내는 방법은 여러 가지가 있습니다. 한국직업능력개발원 커리어넷career.go.kr에는 직업적성검사, 직업 흥미검사, 직업 가치관검사, 진로성숙도검사 등을 통해 자신의 강점을 알아볼 수 있습니다. 화면으로 보는 바와 같이 제가 진로 심리검사 중 진로개발준비도 검사를 해보았습니다. 무엇을 좋아하고 잘하는지 알고 있으며, 더욱 알고 싶다면 심리검사를 해보라고 권유하고 있습니다. 관심 있는 직업과 전공에 대해서도 비교적 잘 알고 있답니다. 현재 결정한 진로에 대해서도 확신과 만족이 비교적 높다고 합니다. 이렇게 자신을 이해하는 것이 중요합니다."

하위영역	결과
자기이해	귀하께서는 자신이 무엇을 좋아하고, 잘할 수 있으며, 또 중요시하는 것에 대해 비교적 잘 알고 있습니다. 자기 알기에 완결이란 없겠지요? 자신에 대해 더욱 알고 싶다면, 심리검사를 해 보십시오. 일상생활의 다양한 상황에서 꾸준히 자신에 대해 성찰하는 것은 당신의 진로개발에 성공적인 기초가 될 것입니다.
전공 직업지식	귀하께서는 관심 있는 직업과 전공에 대해 비교적 잘 알고 있습니다. 이러한 정보들을 더욱 알고 싶다면, 직업정보나 전공정보를 살펴보십시오. 그리고 직업종사자, 선배, 교수님과의 만남 등 다양한 경로를 통해 직업과 전공에 대한 정보를 확대해 나가시기 바랍니다.
진로 결정 확신도	귀하께서는 현재 자신이 결정한 진로에 대해 확신과 만족이 비교적 높은 편입니다. 자신의 진로 결정이 최선인가에 대해 늘 검토하는 자세가 필요합니다. 귀하께서는 무엇을 좋아하고, 잘할 수 있으며, 또 중요시하는지를 더 알고자 한다면 심리검사를 해 보십시오. 관심 있는 직업과 전공을 더 알고자 한다면 직업정보나 전공정보를 탐색해 해 보십시오.

의사결정 자신감	귀하께서는 의사결정에 대한 자신감이 비교적 높은 편입니다. 보다 효과적으로 의사결정을 하는 방법을 알고 싶다면, 의사결정프로그램을 해 보십시오.
관계활용 자신감	귀하께서는 일상생활이나 취업과 관련된 정보나 사회적 지지를 얻기 위해 주위 사람들과의 관계를 적극적으로 활용하는 편입니다. 보다 다양하게 관련 기술을 습득하고자 하시면 네트워킹을 활용하시기 바랍니다.
구직준비도	귀하께서는 취업을 위해 구체적으로 요청되는 사항들에 대해 자신감이 있어 준비가 높은 편입니다. 면접, 이력서, 자기소개서 등 구직기술에 대한 추가 정보를 얻으시기 바랍니다.

"저는 자기계발 10년 차인 2012년 12월 11일에 큰 충격을 받았습니다. 그것은 '위대한 나의 발견 강점혁명'이라는 한 권의 책을 통해서입니다. 갤럽에서 30년 동안 각 분야에서 가장 뛰어난 200만 명을 인터뷰한 결과를 바탕으로 개발하였답니다. 책을 구매하면 1회에 한해서 설문응답 및 결과확인이 가능한 ID를 얻을 수 있습니다. 모두 34개의 강점 테마 중 대표적인 테마 5가지를 확인할 수 있습니다. 저는 최상주의자, 전략, 중요성, 신중함, 미래지향이라는 다섯 가지가 강점으로 확인되었습니다. 저를 잘 아는 지인에게 보여주었더니 놀라는 눈치였습니다. 매우 일치한다는 것이지요."

"저의 강점으로 나타난 '최상주의자'를 먼저 알아보겠습니다. 저의 기준은 평균이 아니라 최상이라는 것입니다. 평균보다 약간 높이는 것도 많은 노력이 필요하지만, 그보다는 우수한 것을 최상으로 만드는 것에 훨씬 흥미를 느낀다는 것입니다. 실제로 제가 근무하는 기관이나 프로그램을 전국 최우수로 만들었으니 놀라지 않을 수 없었습니다. 최상주의가 첫 번째 강점인 줄 몰랐을 때는 그저 열심히 한 결과라고 생각했습니다. 또한, 스스로의 것이든 다른 사람의 것이든 강점에 이끌린답니다. 그리고 그것을 찾아내는 능력이 있답니다. 강점을 발견한 이상 진주가 반짝일 때까지 닦아, 최상의 것으로 만들어야 할 필요를 느낀다는 것입니다. 강점을 가진 사람들을 중심으로 어울리기 때문에 차별하는 사람으로 보인답니다. 그런 제가 이 자리에 모이신 여러분들에게 대충대충 수업할 수는 없겠지요."

"저와 3년간 근무하던 여선생님이 있습니다. 독서를 권유했더니 정말 많은 책을 읽었습니다. 대학원을 권유했더니 석사학위를 취득하였습니다. 교육연수도 열심히 다녔습니다. 일에 성과도 잘 내었습니다. 앞서 전국최우수를 만드는 작업도 함께하였습니다. 27세에 결혼하고 28세에 출산하였습니다. 그리고 29세에 대학 강사도 되었습니다. 제가 대학에서 강의할 때 데려가서 발표를 시킨 적이 있었습니다. 내심 대학에서 강의하기를 기원했던 것이지요. 취업과 결혼, 출산 등 어느 하나도 녹녹지 않은데 참 잘해내고 있습니다. 남편도 비슷한 상황입니다. 강점을 가진 사람을 발견하고 촉진하는 것이 최고의 강점인 저에게는 물 만난 고기와도 같은 상황이 전개된 것입니다."

"두 번째 강점은 '전략'입니다. 저는 혼돈에서 벗어나 앞으로 나갈 수 있는 최선의 길을 찾을 수 있답니다. 그리고 이것은 배울 수 있는 기술이 아니라는 것입니다. 저에게 이런 강점이 있다는 것을 알고 스스로 많이 놀랐습니다. 그래서 마흔다섯에 자각한 것인지도 모르겠습니다. 제가 가진 전략은 독특한 방식이며, 세상 전반에 대한 특별한 시각이라는 것입니다. 다른 사람들 눈에는 복잡하게만 보이는 것으로부터 일정한 경향을 발견한다는 것입니다. 반복해서 의문을 가지고 자문하다 보면 대안의 시나리오를 탐색하고, 다음에 일어날 일을 예측할 수 있다는 것입니다. 이러한 강점을 잘 살려서 할 수 있는 일들을 해야 하겠지요. 제가 전략에 능한 사람이라고는 상상해보지 못했습니다."

"세 번째 강점은 '중요성'입니다. 저는 다른 사람들에게 매우 중요하게 보이고 싶어 하며, 인정받기를 원한답니다. 자신의 고유한 강점들을 사람들이 알고 인정해주기를 원하고, 믿음직하고, 전문적이며, 성공적이라는 칭찬을 들어야 한답니다. 그리고 그런 사람들과 어울리고 싶어 한다는 것입니다. 어울리는 사람들이 그렇지 않을 경우 성취되도록 강요하고, 그래도 안 되면 자신이 갈 길로 간다는 것입니다. 인간미가 떨어지는 대목이지만 이를 보완하기보다는 다른 사람들의 자기계발을 촉진하는데 에너지를 쏟는 것이 제게는 맞는다고 해석하면 될 것 같습니다. 저는 일을 직업이기보다는 일종의 생활방식으로 여기며, 구속받지 않고 스스로 원하는 방식으로 한답니다. 이 대목에서 365일 중 360일을 출근하는 저 자신을 이해하게 되었습니다. 저는 소망, 열망, 무척 좋아하는 것으로 가득

차 있어서 평범함에서 벗어나 두각을 나타낼 수 있게 하고, 따라서 계속 노력하게 된답니다."

"네 번째 강점은 신중함입니다. 저는 매우 신중하고, 조심하며, 사생활을 중요시한답니다. 세상이 예측 불가한 것을 알고, 표면적으로 질서정연함에도 그 아래 도사리고 있는 위험을 감지합니다. 위험을 하나씩 밝히고, 평가해서, 결국은 줄일 수 있다고 합니다. 잘못될 수 있는 것을 예측하기 위해 미리 계획합니다. 친구를 신중하게 선택하고, 대화 중 개인적인 문제에는 침묵하며, 지나친 칭찬이나 평가를 삼가려고 주의합니다. 마음을 잘 열지 않는다고 좋아하지 않아도 개의치 않고, 인기에 연연하지 않습니다. 위험을 확인하고, 영향을 살핀 다음 한 발자국씩 심사숙고합니다. 이 정도면 매사에 상당히 신중하다는 강점으로 보입니다. 제가 신중하다는 평을 듣긴 하였지만 이 정도 라고는 생각해보지 않았습니다."

"다섯 번째는 '미래지향'입니다. 저는 미래에 매혹되고, 미래가 어떨지 상세하게 보인답니다. 상세한 그림에 끌려 앞을 향해, 내일을 향해 나갑니다. 그림의 내용은 저의 관심분야겠지만 언제나 더 좋은 제품, 더 훌륭한 팀, 더 나은 인생, 더 멋진 세상에 대한 영감을 줍니다. 가능성이 있는 비전을 보면 소중히 여기는 몽상가이며, 현재로부터 심한 좌절감을 느낄 때, 주위 사람이 너무 현실적일 때, 미래의 비전을 보고 기운을 얻습니다. 이 비전은 다른 사람들에게도 활력을 줄 수 있고, 시야를 넓혀주는, 그래서 결국은 영혼을 고양시켜주는 그런 그림을 원한답니다. 연습하랍니다. 가능한 한 생생하게 그림을 그리도록 해보라고 합니다. 사람들은 제가 가져다주는 희망에 매달리고 싶어 한답니다."

"이상으로 다섯 가지 저의 강점을 살펴보았습니다. 강점을 중심으로 볼 때 제가 어떤 일을 해야 즐겁고 신나게, 최선을 다해 잘할지 길이 보입니다. 미래지향적으로 사람들에게 비전을 제시하고 촉진하는 일이 그것입니다. 이 곳에서 강의하는 것도 그와 같은 일이라고 생각합니다. 지난 20년 동안 청소년들과 함께하는 일을 했으니 저의 강점과 잘 맞는 일이었지요. 최우수성과를 내고 우수한 지도자가 되도록 촉진하는 것은 누가 시켜서가 아니라 강점을 실천했던 것입니다. 이처럼 자신의 일이 강점과 잘 맞는 것이라면 누구라도 최선의 결과를 얻을 것으로 생각합니다."

"앞서 '위대한 나의 발견 강점혁명'이라는 한 권의 책을 통해 충격을 받을 수밖에 없던 이유를 이해하실지 모르겠습니다. 저는 심리상담을 공부하면서나 여러 경로를 통해 자신을 이해하고자 하였지만 이처럼 저 자신을 꼭 집어낸 경험은 흔치 않았습니다. 갤럽에서 30년 동안 각 분야에서 뛰어난 200만 명의 인터뷰를 토대로 만든 프로그램의 결과이기 때문일 것입니다. 이렇게 자신의 강점을 확인해보고, 자신의 분야를 선택하거나 전환하는 기회를 만드는 것이 필요할 것입니다. 상대를 알고 나를 알면 100전 100승이라고 하였습니다. 자신의 강점을 먼저 알아야 합니다. 만원 남짓으로 40분만 투자하면 자신만의 강점을 확인할 수 있습니다. 강점을 꼭 확인하셔서 자신만의 미래를 설계해 보시기 바랍니다. 오늘의 짤막 특강

은 여기까지입니다."

"부장님 대단하신데요."
"뭐가?"
"짤막 특강 후에 학생들의 반응이요."
"고선생도 가능해."
"제가요?"
"그럼, 고선생은 충분히 가능한 사람이야."
"……."
"내가 주로 사람을 만나는 일이 30년이잖아."
"……."
"자신을 믿어, 자기계발은 누구나 아는 개념이지만 실천하는 사람과 안 하는 사람 두 부류야, 물론 안 하는 사람들이 더 많지. 그럼 누가 유리한지는 자명한 거야."
"강의하실 때 들어보니 실제로 그런 직원이 있었다면서요?"
"응 조만간 만날 수 있을 거야, 내가 자리를 마련할게."
"네 만나고 싶네요. 부장님."
"나보고 대단하다고 했지만, 그냥 십 년 세월을 노력했을 뿐이야."
"십 년이나요?"
"십 년의 법칙, 일만 시간의 법칙 등 사람이 어느 분야든 그 정도를 투자하면 전문가가 된다는 거지. 인터넷에서 검색해봐, 관련 분야의 책들을 찾을 수 있을 거야. 아니면 내 자리에 있는 책을 보든지."
"네, 부장님."

"중국 속담에 아무리 작은 일이라도 십 년을 노력하면 큰 힘이 되고, 20년을 노력하면 두려울 만큼 큰 힘이 되고, 30년을 노력하면 역사가 된다고 했어."

"네, 부장님 명심하겠습니다."

"집이 이쪽이지? 여기서 내려줄게. 내일 사무실에서 봐."

"좋은 경험을 주셔서 감사합니다. 부장님 내일 뵙겠습니다."

"이빨이 깨졌다고?"

"네. 부장님"

"어떻게 하다가?"

"두 녀석이 장난을 치고 도망가다가 출입문에 부딪히면서……."

"……."

"죄송합니다."

"한창 그럴 나이인 놈들이긴 하지. 깨진 이빨은 가지고 있어?"

"네. 가지고 있습니다."

"그걸 어떻게 할 수 있는지 치과에 알아보고."

"네. 그리고 상황을 어떻게 처리할까요?"

"양쪽 부모님들에게 연락드리고 일정을 협의해야지."

"네. 그렇게 하겠습니다."

"저희가 잘 보살펴야 했는데 어머님들께 죄송합니다."

"아닙니다. 부장님. 아이 얘길 들어보니까 자기들끼리 장난치다가 그랬다니 오히려 죄송합니다."

"한창 그럴 나이긴 해도 순식간에 일어난 일이라 챙기질 못했습니다."

"저희 아이가 그랬으니 치료비를 부담하겠습니다."

"네. 저희 아이도 같이 장난친 거니까 치료만 해주시면 괜찮습니다."

"두 분 어머님들께서 이해해주셔서 감사합니다. 아이들 지도에 더욱 노력하겠습니다."

"학원 보낼 형편이 안 되는 아이들을 위해 노력해주시는 걸 항상 감사하게 생각하고 있습니다."

"부장님. 부모님들이 이해해주셔서 다행입니다."

"안 좋은 일일수록 빠른 대처가 필요해. 우리가 먼저 조치하지 않았더라면 격하게 반응해도 대응하기 쉽지 않을 수 있지."

"네. 부장님."

"먼저 사회단체에서 기부받은 예산 있지?"

"네. 있습니다."

"그걸로 아이들에게 책을 사주면 어떨까?"

"책을요?"

"응. '위대한 나의 발견 강점혁명'이라는 책이 있는데, 아이들의 강점을 찾아주면 좋을 거 같아."

"강점이요?"

"그 책을 통해 강점을 디테일하게 알 수 있어. 선생님들도 아이들의 강점을 중심으로 칭찬해주고. 선생님들 것까지 주문해. 선생님들 먼저 이해해야 하니까."

"네. 알겠습니다."

3장

독서는 자기계발의
기본이다

택배를 받은 고선생의 얼굴에 생기가 넘쳤다. 그간 정부장이 얘기해주었던 몇 권의 책을 구입한 것이다. 책을 읽으라고 누구에게나 권한다. 그렇지만 실천하는 경우는 열에 한두 명 정도다. 그만큼 독서습관을 갖는다는 것이 어렵다. 정부장은 가끔씩 직원들에게 책을 선물하지만, 책꽂이 신세만 지는 경우가 많아 안타깝게 생각한다. 정부장의 경험이나 실천하는 직원들을 보면 독서에도 100권이라는 임계점이 있는 것 같다. 100권을 넘어서면 독서습관이 생겼다고 볼 수 있다. 한 직원이 일 년 만에 100권을 읽더니 좀 다른 세상이 보인다고 했다. 무엇인가 이전과는 생각도 달라졌다는 것이다. 그리고는 사이버대학에 입학해서 공부하고 있다.

"오팀장."
"네."
"아이들끼리 다투었다면서?"
"네."
"그런데 왜 보고를 안 했어?"
"그냥 약간 다쳐서요."
"약간의 기준이 뭐야?"
"……."
"요즘 부모님들 한둘밖에 없는 자식에 매우 민감한 거 몰라?"
"……."
"나에게 미리 말했어야지?"
"……."
"지난번에 경험했잖아. 우리 쪽에서 먼저 연락해서 조치를 취하는 것과 부모 쪽에서 먼저 찾아오는 것과의 차이를 모르겠어?"

"회의 가시고 안 계셔서……."

"그건 또 무슨 판단이야, 기관에서의 일이 당연히 우선이고, 회의 중이라도 조치를 취하거나 바로 올 수도 있는 거잖아."

"……."

정부장은 답답했다. 쉽게 해결될 일을 복잡하게 만들었기 때문이다. 아이들이야 친구끼리 다투기도 하면서 크는 것이지만, 한두 자식만을 둔 요즘 부모들의 반응은 매우 민감하다. 기관에 찾아와서 한바탕 하고 간 것이다. 미리 연락해서 찾아가거나 하는 조치를 취했어야 하는데 부모들이 오기까지 정부장은 모르고 있었다. 중요성 여부는 윗사람의 판단에 맡기거나 아니면 스스로 조치를 취해야 했는데 안이하게 대처한 것이다.

"어! 고선생 아침 일찍 웬일이야?"

"안녕하세요? 부장님, 집에서 책을 보려고 노력해봤는데 쉽지 않아서요."

"그렇지, 집에서는 쉽지 않아서 나도 사무실에 일찍 나오지."

"차 한 잔 드릴까요?"

"응 고마워."

고선생의 독서가 탄력을 받은 것 같다. 지금은 정부장이 권해주는 책을 중심으로 읽고 있다. 읽는 책에 나름의 표시를 해야 하기 때문에 남의 책을 보는 것은 어렵다. 책에다 밑줄 긋고, 밑줄 그은

페이지에 표식을 붙이는 방법을 따라 하는 것이다. 하루 두 시간과 휴일을 활용하면 1년에 100권은 거뜬히 넘을 수 있다. 매일 거르지 않는 것이 중요하다. 지방이라서 사무실 근처 10분 거리에 집이 있다는 것은 특권이다. 그러한 특권을 잘 활용하는 것이 필요한데, 누구나 그런 것은 아니다.

"음 무슨 책을 읽고 있어?"

"부장님이 추천해주신 '성과로 말하는 핵심인재 하이퍼 포머'를 읽고 있습니다."

"느낌이 어떤가?"

"네, 뛰어난 업무성과를 지닌 팀장이 부서에 새로 배치된 대리를 지도하는 과정인데 흥미 있게 읽고 있습니다."

"전에도 책을 많이 읽었나?"

"좀 보긴 했어도 지금처럼은 아닙니다. 부장님."

"독서기록에 대해 들어봤어?"

"못 들어 봤습니다."

"초기독서에는 독서기록이 매우 중요해. 내가 기록한 걸 파일로 보낼 테니 활용해봐."

"네, 감사합니다."

"차도 마셨으니 각자의 시간을 방해 없기."

"네, 그렇게 하겠습니다."

3주차 강의를 위해 강의실에 들어선 정부장은 교탁 위에 놓인 음료수를 발견했다. 집어 들고 웬 거냐는 표정을 지었다. 학과 모임에서 준비하는 것이니 부담 없이 드시라는 설명에 감사를 표했다. 고등학교를 졸업하고 갓 입학한 학부생들 강의실에서는 경험하지 못한 광경이다. 비록 음료수 한 병이지만 늦깎이 성인학습자들의 배움에 대한 열정인 것이다.

"한 주일 동안 안녕하셨습니까? 오늘 '짤막 특강'의 주제는 독서입니다. 한 조사에 의하면 독서가 30.8%로 자기계발방법의 1위입니다. 아마도 가장 저렴하고 쉽게 접근할 수 있기 때문일 것입니다. 저는 지난 12년 동안 자기계발을 위해 대학 및 대학원에서 공부하였지만, 심화학습은 독서로 하였습니다. 필요한 학교공부와 학위취득은 당연한 것입니다. 그러나 자기분야에 대한 독서 없이는 전문가가 되기 어렵다고 생각합니다. 책 1권에는 평균으로 저자 30년의 노하우가 담겨있다고 합니다. 책마다 30년을 기준으로 편차가 다르겠지만, 자신의 분야에 대해 한 권 읽은 사람과 백 권 읽은 사람의 격차는 분명 다를 것입니다. 30년 노하우와 3,000년의 노하우는 2,970년의 격차가 생깁니다."

"우리나라 직장인들의 한 달 평균 독서량을 보면 한 권도 읽지 않는 사람이 12.1%, 한두 권이 68.6%로 열 명 중 여덟 명에 여기에 해당합니다. 일곱 권에서 열권은 3.4%이며, 10권 이상은 0.3%로 나타났습니다. 가장 많은 자기계발방법으로 독서를 선택하고 있음을 볼 때, 한 달에 열권 이상을 읽는다면 0.3%에 해당하는 경쟁력을 가진다고 볼 수 있습니다. 현재 한 달에 읽는 책의 권수로 자신의 자기계발 지점을 이해할 수 있습니다. 독서는 책 이외에도 자기분야에 대한 여러 가지 자료도 포함될 것입니다. 책을 많이 읽는 것이 자기계발의 전부라 할 수는 없겠지만, 자신의 분야에서 전문 가가 되는 가장 중요한 방법임에는 대다수가 동의할 것입니다."

"독서를 지속하는 것이 생각보다 쉽지 않습니다. 작심하고 독서를 시작해도 흐지부지되기 십상입니다. 독서의 결과가 당장 드러나는 것도 아니어서 우선순위에서 밀립니다. 꾸준한 독서를 위해서는 무 엇보다도 독서의 목표가 있어야 합니다. 독서가 부족하니 시작해보 자는 발상으로는 얼마 가지 않습니다. 자신만의 독서목표를 분명히 하는 것이 필요합니다. 왜 독서를 해야 하는지 자신만의 이유를 찾 아내야 합니다. 독서를 해야 한다는 총론이야 누구나 공감하겠지 만, 자신에게 해당하는 각론이 확실해야만 합니다. 나중에 말씀드 리겠지만 목표를 가지는 것의 효과는 그렇지 않은 것에 비해 상상 을 초월합니다."

"독서목표는 자신의 직업과 관련이 있어야 합니다. 본인의 직업에 서 최고의 전문가가 되는 것은 누구나 바라는 희망 사항입니다. 평 생직장이 사라지고 평생 직업인 시대에서는 해당 분야의 최고 전 문가가 되는 것은 중요합니다. 에머슨은 '책을 읽는다는 것은 많은 경우에, 자신의 미래를 만든다는 것과 같은 뜻이다.'라고 했습니다. 즉, 독서로써 자신의 미래를 만들어가는 경우 많다는 것입니다. 현 재 하고 있는 일의 전문가나 혹은 미래에 하고자 하는 일의 전문가 가 되고자 하는 방법으로 독서가 중요하다는 것입니다. 교보생명 창업자 고故 신용호 회장은 '사람은 책을 만들고, 책은 사람을 만든다.'라고 했습니다. 쓸 만한 사람을 만든다는 것이겠지요."

"자신의 분야에 전문가가 되기 위한 독서를 시작한다면 반드시 독서기록을 해야 합니다. 독서가 이미 습관화된 것이라면 생략해도 되겠지만, 초보입장에서는 독서기록으로써 탄력을 붙이는 것이 필요합니다. 즉, 독서목표에 대한 성취를 기록해 나가는 것입니다. 한 권에서 열권으로 열권에서 삼십 권으로 점차 기록을 늘려나가게 되면 탄력을 받습니다. 읽기를 시작한 날짜와 끝낸 날짜, 제목, 저자, 출판사, 쪽수 등을 기록합니다. 한 달 평균 독서량, 일일 평균 읽은 쪽 수 등 다양한 통계를 통해 자신의 독서량을 점검할 수 있습니다. 기록의 중요성의 누구나 아는 것이지만, 실천을 통해 탄력을 끌어내는 사람은 그리 많지 않습니다."

"읽을 책은 자신의 관심분야로부터 시작하지만 30권 정도 읽게 되면 책 속에 책이 있습니다. 대부분 저자가 한 권의 책을 쓰기 위해서는 그 분야에 출판된 책들을 보거나, 적어도 자세히 검색하게 됩니다. 또한, 주제를 선정하는 과정에서 참고 한 책들을 언급하기 마련입니다. 그래서 책 속에는 다양한 책들이 등장하고 독자들의 취향에 따라 그 책을 선택하게 됩니다. 제 경험으로 초기에 10권에서 20권 정도를 권하면 그 후에는 본인 스스로 책을 선택하였습니다. 거꾸로 저에게 본인이 읽은 책을 선물하는 경우도 여러 번 경험하였습니다. 이 정도면 확실히 독서에 탄력을 받았다고 판단할 수 있습니다."

"독서기록 정말 효과가 있는 것 같습니다."

"벌써 기록했나?"

"네 주신 파일에 그간 읽은 책들을 기록했더니 뿌듯했습니다."

"그래, 그럴 거야."

"지금 보는 책도 빨리 보고, 다음 책을 봐야지 하는 동기를 받고 있습니다."

"책을 읽는 양이 전부는 아니지만, 초기 습관을 들이는 데는 효과적이지. 구스타브 플로베르는 '어떤 책이 좋은지 판단하는 기준은, 그 책이 얼마나 강한 펀치를 당신에게 날리는가 하는 점이다.'라고 했어. 그런 책을 만나는 기쁨을 만끽해봐. 결코, 돈으로는 얻을 수 없는 기쁨이지."

"네, 부장님."

권	시작	마침	제목	저자	출판사	쪽수
1	01월 01일	01월 01일	변화바이러스	김성호	민중 출판사	236
2	01월 01일	01월 01일	선물	스펜서 존스	RHK	139
3	01월 02일	01월 03일	리더의 인생수업	삼성경제 연구소	삼성경제 연구소	249
4	01월 03일	01월 04일	2막	스텐판 폴란 외	명진 출판사	263
5	01월 04일	01월 05일	일생에 한권 책을 써라	양병무	21세기 북스	303
6	01월 05일	01월 06일	당신의 인생을 이모작하라	최재천	삼성경제 연구소	174
7	01월 06일	01월 07일	마흔 즈음에 읽었으면 좋았을 책들	주선용	북씽크	278
8	01월 08일	01월 09일	행복의 조건	조지베일런트	프런티어	471

9	01월 09일	01월 10일	빅 데이터 경영을 바꾸다	함유근, 채승병	삼성경제 연구소	327
10	01월 11일	01월 12일	세계적 인물은 어떻게 키워 지는가	빅터 고어츨 외	뜨인돌	489
11	01월 13일	01월 14일	열정능력자	진랜드럼	들녘	400
12	01월 15일	01월 15일	가장 뛰어난 중년의 뇌	바버라스 트로치	해나무	301
13	01월 16일	01월 16일	보이는 것만이 인생의 전부는 아니다	김태관	홍익 출판사	286
14	01월 17일	01월 17일	나는 희망의 증거가 되고 싶다	서진규	PHK	185
15	01월 17일	01월 17일	민들레영토 희망스토리	김영한, 지승룡	RHK	185
16	01월 18일	01월 18일	사랑의 들봄은 기적을 만든다	김수지	비전과 리더십	223
17	01월 19일	01월 19일	마음을 얻어야 세상을 얻는다	허태학	이지출판	292
18	01월 19일	01월 20일	일침	정민	김영사	294

19	01월 20일	01월 21일	한국의 글쟁이들	구본준	한겨레 출판	247
20	01월 21일	01월 22일	길어진 인생을 사는 기술	슈테판 볼만	웅진지식 하우스	230
21	02월 23일	02월 25일	현자들의 평생공부법	김영수	역사의 아침	363
22	02월 26일	02월 27일	공병호의 공부법	공병호	21세기 북스	275
23	01월 27일	01월 28일	몸으로 책 읽기	명로진	북바이북	250
24	01월 29일	01월 30일	섀클턴의 위대한 항해	알프래드 랜싱	뜨인돌	355
25	01월 31일	02월 02일	황홀한 글감옥	조정래	시사인북	427

1일 평균 0.8권, 295쪽

"오팀장 택배 왔나?

"택배요?"

"책 주문 안 했어?"

"네. 제가 깜박했습니다."

"뭐라고!!!"

"죄송합니다."

"……"

"……"

"당장 해······."

"네······."

"30분이나 기다리다 집으로 갔습니다."

"죄송합니다."

"아니에요. 사전약속도 아니니까 괜찮습니다."

"힘드시죠?"

"네. 초등학생 땐 몰랐는데 남자 녀석이라 그런지 좀 엇나가는 것 같아요."

"······."

"쌍둥이 거 아시겠지만, 여자애는 안 그러거든요."

"중학생 때는 좀 다를 겁니다."

"그런 것 같아요. '반 톡'이라고 같은 반 아이들끼리 몇 시간씩 핸드폰을 손에서 놓칠 않아요. 못하게 하면 간섭이 심하다 하고요."

"······."

"속상해서 아무것도 하기 싫고요."

"걔가 반회장이지요?"

"네. 둘 다 반회장이 되었습니다."

"음. 어머니께서 초등학생 때보다는 거리를 둘 필요가 있습니다. 부모보다 또래집단에게 더 관심과 교류가 필요해지는 시기니까요."

"······."

"해외여행을 가라고 해보면 어떨까요."

"여행이요?"

"걔가 뛰어난 아이인데 에너지발산을 위한 동기가 필요해 보입니

중년을 넘는 기술

다. 아무것도 해주지 마시고 스스로 계획해서 친구들과 다녀오도록 하면 좋을 것 같습니다."

"가고 싶어 하는 눈치도 있지만 괜찮을까요?"

"여행을 통해서 동기도 얻고 스스로 하게 함으로써 성취도 얻을 수 있습니다."

"가족들과 의논해 보겠습니다."

"음. 그리고 중요한 것은 어머니의 일을 찾는 것이 필요해 보입니다."

"일이야 하고 싶지만 당장 아이들 뒷바라지하려면……."

"꼭 취업만이 일은 아닙니다. 어머니 스스로 뭔가 심취하는 것이 있어야 합니다."

"맞아요. 필요해요. 애들이 커가니까 저만 뭔가가 없는 것 같아요."

"책을 보시는 것은요?"

"애들 어릴 때는 도서관에서 살다시피 했는데 요즘은 책이 읽혀지질 않아요."

"그때는 아이들이라는 동기가 있었지만, 이제는 본인을 위한 동기를 찾아야 해요."

"……."

"아이들 이야기를 책으로 쓰시면 어떨까요?"

"네! 책이요."

"두 아이를 다른 부모들이 부러워하지요?"

"네. 만나기만 하면 물어봅니다. 어떻게 키우느냐고요."

"그러니까 책으로 쓰시라는 것입니다."

"하지만 제가 글을 못 써서요."

"처음부터 잘 쓰는 사람 있나요. 일기 쓰듯 아이들 키운 이야기를 써보세요."

"부장님은 책을 내셨잖아요. 잘 읽어보았습니다."

"맞아요. 저도 첫 책을 낼 때 글이 써지질 않아 고생했지만, 어머니는 남이 듣고 싶어 하는 이야기가 있으니 해볼 만해요."

"그래도……."

"책을 내려면 남들은 어떻게 썼는지 궁금하니까 책을 보실 수밖에 없습니다."

"그렇게 될까요?"

"A4 백 장이면 책이 되니까 매일 한 장씩 시간을 정해서 써보세요."

"……."

"하느냐 아니냐는?"

"네. 제 몫이죠."

"맞습니다."

"그런 모습이 아이들에게도 영향을 미칩니다. 결과야 어찌될지 모르지만, 책 쓰는 엄마의 모습이 아이들에게 전이되거든요. 도전해보세요. 대신 집에서는 방해요소가 많으니 즐겨 가시던 도서관도 좋을 것 같습니다. '우선 핀란드 부모혁명'과 '핀란드 공부혁명'이라는 책을 보셨으면 합니다."

"네 알겠습니다. 이젠 좀 정리가 됐습니다. 시간 내주셔서 감사합니다."

"아닙니다. 제 일인걸요."

"부장님 상담이 길어지셨네요?"

"응. 고선생."

"죄송하지만 어떤 상담을 하셨는지 여쭤 봐도 될까요?"

"상담내용은 말할 수 없지만 대개 아이들 문제지. 고선생도 상담에 대해 많은 관심을 가져야 해. 우리 일이 상담과 관련된 부분이 많거든."

"네. 부장님."

"아이들 독서 프로그램은 어찌 돼가나?"

"자료들을 찾아보고 있습니다."

"독서의 효과에 대해 찾아봐야 하네."

"네. 찾아보고 있습니다."

"일본의 초등학교에서 매일 10분씩 책을 읽는다는 사례를 본적이 있는데, 찾아보고 우리나라 사례도 살펴봐."

"네."

"연구 논문도 있는지 찾아보고."

"네. 알겠습니다. 청소년들을 위한 전문직이야기 두 번째 편 직업군들은 어떻게 방향을 잡아야 할까요?"

"고선생 생각은?

"청소년들의 직업선호도를 중심으로 이십 명을 선정하려고 합니다."

"왜 이십 명을?"

"지난해 결과보고서를 보니까 중도 포기하시는 분들이 있어서요."

"그랬지. 그렇게 해."

"청소년들에게 가장 큰 고민인 진로직업에 도움이 될 것 같습니다."

"직업인들이 직접 쓰는 직업인 이야기니까 도움이 될 거야."

4장

습관으로 자신을
혁신하라

속도가 역량이라는 말이 있다. 즉, 속도가 중요한 능력이라는 것이다. 심사숙고할 일이야 당연하겠지만 그렇지 않은 일에도 미루는 습관을 지닌 사람들이 있다. 좋지 않은 습관이다. 일어나는 시간부터 잠드는 시간까지 일상은 습관으로 이루어져 있다. 사람이 습관을 만들고 습관은 사람을 만든다. 나쁜 습관이나 좋은 습관으로 그 사람의 모습이 결정된다. 좋은 습관들이기는 어렵지만 삶의 질을 높이게 되고, 나쁜 습관은 들이기는 쉽지만 삶의 질은 낮아질 것이다.

"오팀장, 오후 1시에 팀 회의한다고 했는데 출장 갔다니?"
"죄송합니다. 제가 깜박했습니다."
"아니 출근하자마자 지시했잖아?"
"네, 바로 전달했어야 했는데……."
"했는데가 뭐야! 초딩도 아니고."
"……."
"지시를 했으면 바로 전달해야지, 왜 뒤로 미루는 거야."
"……."
"미루는 습관 때문에 이게 몇 번째야!"
"……."
"그 친구가 담당인데 출장 갔으면 회의 못 하잖아!"
"……."

"고선생, 아까 부탁한 거 어찌 됐나?"
"죄송합니다. 부장님, 바로 말씀드렸어야 하는데, 그쪽에서도 가능하답니다."

"그래, 결과를 얻었으면 묻기 전에 말하는 습관을 들여야 되는 거야."

"네, 추후에는 그런 일이 없도록 하겠습니다."

"그건 중요한 업무태도니까 실수 없도록 해."

"네, 알겠습니다. 부장님"

직원들 중에는 알아서 자기 일을 잘 해나가는 직원, 시키는 일도 시원찮은 직원, 그 중간쯤에 있는 직원들이 있다. 알아서 해나가는 직원은 우선 일에 대한 의욕과 자부심이 가득하다. 자기학습에도 노력하고 대인관계도 원만하려고 노력한다. 특히 지위를 막론하고 누구에게나 친절하다. 이런 직원은 현재의 일을 천직으로 생각하는 직원들이다. 시원찮은 직원은 한마디로 직장이고 월급쟁이다. 직원들과의 관계도 불편하고, 대체로 무뚝뚝하다. 생기도 별로 없고 자기학습도 하지 않는다.

"교수님, 질문이 있습니다."

"네, 말씀하세요."

"지난번 독서에 대해 강의를 해주셨는데, 막상 책을 사려고 하니 막막해서 망설이고 있습니다. 혹시 책을 추천해주실 수 없나 해서요."

"아, 그러시군요. 가끔 그런 질문을 받아서 제가 읽은 책 중 추천도서를 정리한 게 있습니다. 제 입장에서의 추천이지만 도움이 되실 수 있도록 다음 시간에 출력해 나눠드리겠습니다."

"교수님, 저희 과 카페에 올려주시면 종이도 절약하실 수 있습니다."

"아, 그런가요. 그럼 카페에 올리겠습니다."

"감사합니다. 교수님!"

"아닙니다. 오히려 제가 감사하죠. 지난번에 말씀드린 저의 강점을 발휘하게 해주셨잖아요."

"교수님!"

"네 말씀하세요."

"지난 강의 때 말씀을 듣고 읽은 책을 기록했더니 벌써 다섯 권을 읽고 있습니다. 차곡차곡 늘어나는 걸 보는 재미가 있습니다."

"공부하기도 바쁘실 텐데, 벌써 다섯 권이요?"

"제가 전업주부라서 시간을 낼 수 있었습니다. 그리고 장편 소설이라서……."

"그러시군요. 축하합니다. 소설이어도 상관없습니다. 읽는 습관을 들이는 방법으로 쉬운 책부터 보시는 것도 하나의 방법입니다. 공부하시는 과목교재도 책이니까 한 학기에 7권은 보시는 거지요. 주저하지 말고 기록하세요."

"네, 알겠습니다. 교수님."

"음, 그리고 10권, 20권, 30권 또는 50권 이렇게 단계를 정해두고 자축하시는 것도 좋을 것입니다. 그리고 독서법이나 독서 관련 책들을 먼저 보시면, 독서 노하우를 습득하셔서 시행착오를 줄일 수 있습니다. 또한, 책을 깨끗하게 보관한다는 생각 마시고 밑줄도 긋고, 표시도 해두시면 나중에 다시 보실 때 많은 도움이 됩니다."

"오늘은 습관에 대해 말씀드리고자 합니다. 그 사람의 현재 모습은 과거 습관의 결과입니다. 즉, 오늘의 내 모습은 어제의 결과인 것이지요. 오늘의 습관을 보면 내일의 내 모습이 어떨지 알 수 있습니다. '성공하는 사람들의 7가지 습관'이라는 책이 있습니다. 자기계발 분야에서 10년이 넘도록 판매와 순위를 견고하게 유지하고 있는 유일무이한 책입니다. 500대 초일류기업 가운데 460여 개 기업이 '성공하는 사람들의 7가지 습관 워크숍 프로그램'을 도입하고 있답니다. 이 사실만으로도 습관의 힘을 이해하시겠지요?"

"파스칼은 '누구나 결점이 그리 많지는 않다. 결점이 여러 가지인 것으로 보이지만 근원은 하나다. 한 가지 나쁜 버릇을 고치면 다른 버릇도 고쳐진다. 한 가지 나쁜 버릇은 열 가지 나쁜 버릇을 만들어낸다는 것을 잊지 말라.'고 했습니다. 정신과 의사인 디오도어 루빈은 '만일 의식적으로 좋은 습관을 형성하려고 노력하지 않으면 자신도 모르는 사이에 좋지 못한 습관을 지니게 된다.'고 했습니다. 습관은 의식적으로 노력해야 한다는 지적이 아닐 수 없습니다. 자신에게 맞는 좋은 습관을 하나둘 만들기 시작하면 나쁜 습관은 자연히 고쳐질 것입니다."

"사업하는 사람들도 마찬가지지요. 거래를 해보면, 잘 되는 습관과 안 되는 습관이 나타납니다. 즉시 응대하고 결과물을 내는 곳과 몇 번씩 연락해야만 하는 곳도 있습니다. 시간이 흐를수록 격차가 커지게 됩니다. 여러분들께서도 과제를 미리미리 하시는 분, 코앞에 닥쳐야 하시는 분도 있을 것입니다. 모임에 자주 지각하는 사람,

항상 일찍 오는 사람도 있습니다. 여러분들의 운전습관은 어떠십니까? 여유 있게 출발하여 방어운전 하는 사람, 허겁지겁 출발하여 불안하게 운전하는 사람도 있습니다. 다시 말씀드리면 우리가 사는 일상은 습관의 연속입니다. 습관은 자신에게 유익한 방향으로 어느 하루가 아닌 매일 매일의 선택입니다."

"준비된 자에게 기회가 온다는 말이 있습니다. 저와 함께 근무했던 선생이 29살에 대학 강단에 선 것은 책을 열심히 읽었고, 대학원에서 석사를 취득하였기 때문입니다. 그것은 습관의 결과입니다. 제 얘기를 듣고 대부분의 사람은 시작은 해보지만, 습관으로 지속하는 사람은 열에 한둘이라고 앞서 말씀드렸습니다. 그 얘기는 10%에서 20%라는 것이지요. 이 자리에 계신 50명을 계산하면 다섯 분에서 열분 정도라는 계산인데, 어찌 보면 자연의 법칙일 수도 있습니다. 파레토의 법칙, 흔히 2080의 법칙이라는 것이 있습니다. 전체 결과의 80%가 전체 인원의 20%에서 일어나는 현상을 말합니다. 이 이론은 '이탈리아 인구의 20%가 이탈리아 전체 부의 80%를 가지고 있다'고 주장한 이탈리아의 경제학자 빌프레도 파레토의 이름에서 나왔다고 합니다. 20%에 속하느냐 80%에 속하느냐는 결국 개인의 습관이 결정할 것으로 생각합니다. 여러분 어느 쪽을 선택하시겠습니까?"

"제가 이 자리에서 여러분들을 만날 수 있는 것도 습관의 결과입니다. 저는 지난 12년 동안 아침 7시면 사무실에 나가 공부하려고 노력하였습니다. 아침 1시간은 오후 4시간과 맞먹는다는 '아

침형 인간'의 주장을 실감하였습니다. 매일 그렇게 했다고 계산하면 8,760시간입니다. 휴일근무까지 계산하면 1만 시간은 족히 넘을 것입니다. 1만 시간을 하루 일하는 8시간으로 나누면 1,250일입니다. 다시 365일로 나누면 약 3.4년입니다. 그렇지 않은 습관을 지닌 사람보다 3.4년을 더 공부하고 일했다는 것입니다. 그런데 오후 시간과 질적으로 다른 아침 시간이라면 3.4년보다 훨씬 더 길수 있다는 계산도 가능합니다. 습관의 위력이 정말 대단하지 않습니까? 여러분들의 5년, 10년, 20년 후의 모습은 지금 어떤 습관을 지니고 있는가에 따라 결정될 것입니다. 저의 습관이 여러분들과 맞는다는 것은 아닙니다. 따라서 각자의 습관들을 만들어야 하는데 이를 위해서는 습관에 관한 책들을 참고하는 것이 좋겠습니다. 제가 오늘 카페에 올려드릴 책 목록에는 습관에 관한 책들이 있으니 참고하시기 바랍니다."

"교수님. 질문이 있습니다."
"말씀하시죠."
"습관에 관한 책을 보면 정말 습관을 들일 수 있을까요?"
"우선 습관에 관한 책들에서는 습관으로 얻어진 사례들을 설명할 것이고, 저자가 주장하는 습관들을 제시할 것입니다. 한 권만 보지 마시고 세 권쯤 보시면 좋을 것 같습니다."
"네 교수님. 그런데 10년 이상을 의식적으로 버티셨나요?"
"하하하. 버텼냐고요? 제가 버틴 건 3개월 정도입니다. 습관이 된 이후에는 그냥 일상적으로 반복된 것입니다."

"정부장님, 오늘도 따라오길 잘한 것 같습니다."

"다행이구만. 습관 정말 중요하지."

"저도 일찍 나가서 책을 보는 습관이 저를 성장시키고 있음을 느끼고 있습니다."

"그렇게 석 달만 지속하면 자동화될 거야. 그게 습관이 된 거지."

"저도 잘할 수 있을까요?"

"고선생은 충분히 가능해. 자신을 믿어. 하나의 습관으로 성취를 얻게 되면 다른 습관도 들이는 게 가능할 거야. 성취는 대신해줄 수 없는 거니까."

"네 감사합니다. 부장님. 부장님이 일찍 나오시는 걸 다른 직원들도 알고 있는 거죠?"

"그 말은 다른 직원들은 왜 일찍 안 오냐는 거지?"

"네."

"그게 작심삼일을 넘기가 어려운가 봐. 몇몇이 시도하다가 포기한 거 같아. 그렇다고 강요할 수도 없고."

"네에."

"고선생같이 단번에 시작하는 경우도 있고"

"강의에서 말씀 하신 분 말이죠?"

"맞아. 본인의 의욕과 동기가 잘 맞아야 하고. 내가 직장생활 20년쯤인데, 나도 절반은 그렇게 보낸 사람이지. 본인의 각성이 중요해."

20년을 직장에서 보낸 정부장은 한두 달만 겪어보면 그 사람의 앞길을 알 수 있다고 생각한다. 직장생활의 꽃이라 할 수 있는 이

사가 될 확률은 8%라고 한다. 열 명 중 한 명 정도에게만 주어지는 확률이다. 그런 사람들은 대개 좋은 습관을 지닌 사람들이다. 정부 장 생각에 고선생은 그 한 명에 해당 될 것임을 믿고 있다. 휩쓸리 기 좋아할 나이에 부모 같은 상사를 따라다닌다는 것이 편하지 않 겠지만 남다른 의욕을 가지고 있기 때문에 가능한 것이다. 모두가 이런 직원이길 바라지만 그게 참 어렵다.

돌이켜보면 정부장도 아쉽다. 30대 중반이 아니고 40대 중반에 자각했기 때문이다. 젊은 직원들이 이른 나이에 자각하는 걸 보면 서 위안을 삼는다. 저대로만 지속한다면 많은 가능성이 열리는 것 이기 때문이다. 반면, 충분히 권해도 실천하지 못하는 젊은 직원들 이 안타깝다. 벌써 그 편차가 커지는 것을 보고 있기 때문이다. 여 러 가능성이 준비된 직원과 여길 그만두면 어쩌나 하는 직원들을 정부장도 어쩔 수 없지 않은가?

정부장은 5번째로 시설을 개관하였다. 첫 직장이 기업체 연수원 이었다. 당시는 고속성장을 하던 시기여서 중견기업 정도면 직원교 육을 위한 연수원을 짓는 것이 유행이었다. 서울 본사 연수부에 근 무하는데 연수원 파견근무자 선정을 놓고 고민했다. 사실상 지방 에 근무해야 하고 특성상 야간근무가 많기 때문에 모두 꺼렸다. 미 혼이었던 정부장이 자청했다. 그렇게 해서 개관준비에 들어갔다. 연수원 하나가 개관한다는 것은 지어진 건물 외에 많은 준비가 필 요하다.
집기 비품을 들여놔야 하고 식당과 청소의 용역직원도 뽑아야 한다. 연수원에서는 신입사원부터 간부교육까지 자사직원들 교육뿐만 아니라 비는 일정에는 다른 기업의 교육연수를 유치해야 한다. 영업을 해야 하는 것이다. 두명이 근무하면서 다른 기업교육연수를 유치하는 데 노력하였다. 다행히 교육연수가 활발한 시절이라 적절히 운영할 수 있었다. 그렇게 시작한 개관경력이 다섯 번째이다. 이것도 팔자려니 생각했지만, 건물 외에는 아무것도 없는 곳에 여러 가지 복잡한 살림을 시작한다는 재미도 있었다.

"오팀장! 중간평가자료 다 됐나?"
"마무리 중입니다. 부장님!"
"내일까지 보내야 하잖아!"
"네. 그렇습니다."
"지금이 오후 4시인데, 아직 이면 내가 언제 검토하나? 내일 출장 가잖아!"
"마무리되는 대로 말씀드리겠습니다."
"이삼일 전에는 마무리를 했어야지. 새로 만드는 자료도 아니고 있는 자료 취합하는데…….."
"죄송합니다. 부장님…….."
"야근이라도 해서 마무리하고 메일로 넣어놔! 아침 일찍 검토해 놓을 테니까. 일에 끌려다니는 것도 습관이야."
"……."
"그리고, 좀 묻기 전에 중간보고를 해야지! 이래저래서 늦어졌고 언제까지는 마무리하겠다고 양해를 구해야 하는 거잖아. 묻기 전에 협의하는 습관을 지녀야지!"

"……."

"근무시간에 사적 전화 좀 간단히 하고! 근무시간이 오팀장 거야!"

"아닙니다……."

"'습관을 조심해라 운명이 된다.' 했어. 누가 그랬는지 찾아봐."

"네에……."

"부장님."

"들어와 고선생."

"오팀장님이 풀이 좀 죽어서요."

"그럴 만하니까. 난들 그러고 싶겠나. 영국속담에 '잔잔한 바다에서는 좋은 뱃사공이 만들어지지 않는다.'고 했어. 오팀장은 좀 단련이 필요해."

"네……."

"몇 번씩 얘기해도 고쳐지지 않으니……. 염려하지 마. 나아지게 만들어야지."

"네."

"전문직 섭외는 잘 돼 가나?"

"그 말씀을 드리려고요. 아무래도 제 연륜으로 그분들 섭외가 쉽지 않을 것 같습니다. 부장님께서 좀 나서주시면 감사하겠습니다."

"그러지. 섭외대상명단을 보내줘."

"네 파일로 보내드리겠습니다."

5장

목표가 분명한
사람이 되라

피터 드러커는 "자신의 업무에 대한 정확한 목표를 갖고 있지 않은 사람이 인재가 되는 확률은 0.000001%보다도 적다"고 했다. 목표가 없이는 인재가 되기 불가능하다는 뜻이다. 목표가 중요하다는 것은 누구나 잘 안다. 그러나 실제로 구체적인 목표를 세우고 글로 적는 사람은 많지 않다. 예일대학에서는 1953년 "목표를 적어두었을 때 나타나는 효과"를 실험하였다. 20년 후의 결과는 놀라웠다. 목표를 구체적으로 적은 3%의 사람들이 그렇지 않았던 97%의 사람들이 가진 부의 합보다 더 크다는 것이다.

"오팀장 팀의 올해 목표가 뭔가?"
"네 최우수가 되는 것입니다."
"지속적인 평가로 다른 곳도 만만치 않을 텐데……."
"열심히 노력하겠습니다."
"뭔가 차별화가 필요하지 않을까?"
"……."
"뭔가 차별화된 목표를 찾아봐."
"좀 구체적으로 말씀해주시면……."
"지속적인 평가로 인해 모두 할 만큼 한다면 남이 생각하지 못한 아이디어가 필요할 것 같은데."
"팀원들과 고민해보고 알려줘."
"네, 알겠습니다."
"'네, 알겠습니다.'로 그치지 말고 '언제까지 하겠습니다.'까지 해야 해"
"네, 금요일 오전까지 말씀드리겠습니다."

정부장은 실습을 마친 두 분의 면담요청으로 자리를 함께하였다. 실습기간 동안 열심히 했던 분들이다. 기관직원들도 모두 다르듯이 실습생들도 모두 다르다. 열심히 최선을 다하는 사람부터 설렁설렁하는 사람까지 각양각색이다. 그중에서도 매우 뛰어나게 노력하는 사람도 있다. 두 사람은 그런 실습생에 속하는 분들이다.

"자원봉사요?"
"네."
"그러니까 실습하듯이 자원봉사를 하겠다는 말씀인가요?"
"네. 그렇습니다."
"힘드실 텐데요."
주말에 봉사해주시는 분들은 있어도 직원들과 똑같이 출퇴근하면서 봉사하겠다는 분들은 처음이라 정부장은 고민했다. 직원들과 협의가 필요할 것 같았다.
"봉사할 수 있는 기회를 주시면 열심히 하겠습니다."
"그렇게 하시려는 이유는요?"
"그간 살림하고 애들 키우느라 단절되었던 일을 하고 싶습니다. 그러나 나이도 있고 해서 취업하기가 쉽지 않을 것 같습니다. 이곳에서 자원봉사하면서 일에 대한 감각도 익히고자 하는 것입니다."
"두 분은 특별히 목표가 있으신가요?"
"있긴 하지만 우선은 일자리가 목표입니다."
"또 다른 목표가 있으시다는 거군요."
"네, 차차 기회가 되면 말씀드리겠습니다."
"알겠습니다. 직원들과 협의되면 말씀드리겠습니다."

"고선생은 목표가 뭔가?"

"네 아직 구체적으로는……."

"오늘 강의가 목표에 관한 것인데 잘 듣고 목표를 정해봐."

"네, 부장님은 목표가 있으셨겠지요?

"그랬고, 또 앞으로의 목표도 있지."

"목표를 이루셨나요?"

"전부는 아니어도 만족할 만은 해. 한마디로 요약하면 대한민국 1%였어"

"……."

"자신의 분야에서 1%라는 거지. 그 정도가 되면, 팔리는 사람, 즉, 필요해서 찾는 사람들이 있다는 거지. 잘 이해가 안 갈지 모르지만 강의를 들어보면 이해가 될 거야."

"네, 부장님"

"목표가 무엇인가요?"

"네, 교수님 저는 우선 학교를 무사히 마치는 것입니다. 직장에다 살림에다 공부가 만만치 않습니다. 그래서 학교를 무사히 마치는 게 목표입니다."

"맞습니다. 저도 해봤지만 쉽지 않은 과정이지요. 그래도 저는 살림은 안 했으니 보다 수월했을지도 모릅니다. 여러분들은 정말 대단하신 겁니다."

"뒷자리에 계신 분은요?"

"저도 어렴풋이 잘되어야 한다고만 생각하고 있습니다."

"구체적이지는 않다는 말씀이죠?"

"오늘은 목표에 대해 말씀드리고자 합니다. 목표를 말할 때 유사 개념으로써 목적이 있습니다. 목적은 이루고자 하는 일이나 방향을 말합니다. 목표보다는 상위개념으로써 통상 측정이 쉽지 않은 것입니다. '테레사 수녀님처럼 평생 남을 돕는 봉사의 삶을 살겠다.'는 것은 목적입니다. 그러기 위해서 구체적으로 하고자 하는 일, 즉, 복지시설에 가서 매주 봉사활동을 하겠다. 위문공연을 위해서 악기를 배우겠다. 연간 10회의 공연을 하겠다는 등은 목표이고 측정이 가능한 것들입니다."

"청어는 누구나 즐겨 먹지만 특히 영국인들은 청어를 아주 좋아한답니다. 요즘이야 많은 기술이 발달했지만, 오래전 먼바다에서 잡아오는 청어는 대부분 죽었겠지요. 그래서 살아있는 청어는 비쌌답니다. 어느 날인가부터 한 어부가 살아있는 청어를 비싸게 공급하기 시작했습니다. 동료 어부들의 협박에 못 이긴 어부가 밝힌 비결은 천적인 메기를 함께 넣어오는 것이었답니다. 그랬더니 잡혀 먹인 청어도 있지만 대부분 살아있다는 것입니다. 우리 삶의 목적이나 목표가 없다면 죽은 청어가 되지 않을까요. 여러분들을 살아있게 하는 메기, 즉 목표가 무엇일까요? 보다 나은 삶이 목적일 터이고, 여러 목표 중 하나가 학교를 졸업하시는 것이리라 생각합니다. 그것이 여러분들을 이 자리에 있게 하는 것입니다. 누구나 하는 생각이지만 여러분들처럼 실천에 옮기기는 쉽지 않습니다."

"저 역시 10여 년 전에 목표를 세웠습니다. 구체적인 목표들을 다 말씀드리긴 어렵지만 여러분들처럼 학교를 세 군데 더 다녔고,

다양한 교육연수에 참여하였습니다. 책도 열심히 읽었습니다. 한마디로 '대한민국 1%가 되자'였습니다. 그것은 제가 일하는 분야에서의 1%입니다. 정확히 측정하기는 어렵지만 비슷하게는 이룬 것 같습니다. 10%라고 설정했으면 어땠을까요? 그러면 10%쯤 되었을 것입니다. 0.1%는 제가 넘기는 어렵다고 생각했습니다. 여러분들께서 현재의 직업이나 미래에 가지고자 하는 직업에서의 목표는 어떠신가요? 계량적 목표를 세우시는 것이 중요합니다. 지금 40세이면 100세까지 60년을 염두에 두고 목표를 세우셔야 하겠지요? 한 번 목표를 세운다고 불변하는 것은 아닙니다. 시대 상황에 따라 커지기도 하고 변하기도 할 것입니다. 목표가 세워지면 자신에게 중요한 것의 우선순위가 달라질 것입니다. 가령 그다지 도움이 안 되는 모임은 목표에 도움이 되는 쪽으로 옮길 것입니다."

　"'영혼을 위한 닭고기 스프'의 저자 마크 빅터 한센은 '목표를 지나칠 정도로 많이 세우고 더 많은 목표를 계속 추가하라. 목표는 한꺼번에 실현되는 경향이 있다.'고 했습니다. 저는 이 말에 동의합니다. 수많은 크고 작은 목표들을 세우고 이행하다 보면, 어느 순간 동시다발로 목표가 이루어지는 것 같습니다. 덤으로 얻어지는 것들도 있습니다. 제가 대학에서 강의하는 것도 목표 중 하나였는데, 어느 순간 두 개, 세 개 대학으로 늘어났습니다. 그러다 보니 대학 외에도 강의요청이 있습니다. 본업을 위해 잘할 수 있는 만큼 적당히 하지만 한꺼번에 실현된다는 점을 이해하게 되었습니다. 이 자리에 계신 여러분들의 목표는 무사히 졸업하고 자격증을 따는 것입니다. 그런데 어떤 분은 대학원진학을 위해 좋은 성적을 목표로 하고 있습니다. 이왕이면 리더십함양을 위해 과대표도 맡을 수 있습니다. 지난 강의 때 말씀하신 분처럼 독서량도 목표로 세울 수 있습니다. 남들은 목표가 하나일 때, 자신은 여러 개의 목표를 달성하면 내공이 달라질 것입니다."

"앞서 말씀드린 것처럼 1953년 예일대학에서 '목표를 적어 두었을 때 나타나는 효과'를 실험했답니다. 의무사항은 아니어서 졸업생의 3%만이 그들의 인생목표를 자세히 적어 두었다고 합니다. 그 내용은 다음과 같은 것들이었습니다.

1. 명확한 목표를 설정한다.
2. 목표달성의 기간을 설정한다.
3. 목표달성에 도움을 줄 사람이나 조직의 리스트를 짠다.
4. 극복해야 할 장애요소를 적는다.
5. 목표달성을 위해 알아야 할 것들을 적는다.
6. 행동계획을 전개한다.
7. 목표달성의 이유를 상세하게 적는다.

20년 후 1973년에 발표한 연구 결과는 자기의 인생목표를 적어 놓았던 3% 졸업생들이 나머지 97%의 졸업생들을 전부 합친 것보다 재정적으로 여유 있는 생활을 하고 있는 것으로 나타났다고 합니다. 놀라운 일이 아닐 수 없습니다. 하버드 대학 에드워드 밴필드 박사는 '우리 사회에서 가장 성공적인 사람은 10년, 20년 후의 미래를 생각하는 장기적인 시각을 가진 사람들이었다.'고 했습니다."

"제가 가지고 있는 목표카드입니다. 잘 안 보이시죠? 2010년부터 2024년까지 15년간의 목표입니다. 나이로는 52세부터 66세까지입니다. 올해가 2014년이니까 5년이 경과된 3분의 1지점입니다. 2013년에 강의개발과 첫 번째 책 쓰기가 목표였습니다. 저의 첫 책은 지난해 12명이 공동으로 쓰고, 발간은 올해 2월에 했습니다. 다소 늦어지긴 하였지만, 첫 번째 책이 나왔습니다. 5년 전에 스스로 한 약속을 지킨 것입니다. 말씀은 이렇게 간단하지만, 그 과정은 쉽지 않았습니다. 다행히 공동저자 중 이미 여러 권 책을 내셨고, 또 글쓰기를 전문으로 하시는 문학박사님이 있으셔서 많은 도움을 받았습니다. 올해에는 두 번째 책을 쓰는 것을 목표로 하고 있습니다. 제가 매년 책을 쓰기로 한 것은 학습효과 때문입니다. 한 권의 책을 쓴다는 것은 많은 학습이 필요합니다. 책 내용과 관련한 책들을 많이 봐야 합니다. 그러면 자연스럽게 강의개발도 되는 효과가 있습니다."

"제가 가진 목표카드는 코팅해서 지갑에 지니고 다닙니다. 노트에 적어두고 보지 않으면 목표의식이 약해져서입니다. 오늘 집에 가셔서 이루셔야 할 목표를 모두 기록하시기 바랍니다. 유사한 내용 등을 정리하시면 어느 정도 요약이 될 것입니다. 저처럼 카드로 만들어 코팅하여 지니고 다니세요. 스스로 좀 웃긴다 생각해도 그냥 하세요. 저도 처음에는 이게 가능할까? 하는 의심을 했습니다. 그래서 남에게 보여줄 수 없었습니다. 필요하면 수정하면 되지 않겠습니까? 세상에서 가장 저렴하지만, 목표를 이루는 기적의 카드가 될 것입니다. '목표를 적어 두웠을 때 나타나는 효과'를 경험하실 것입니다. 오늘 짤막 특강은 여기까지입니다."

"제 말씀에 동의하십니까?"
"당연하신 말씀입니다만 막상 적으려면 꽉 막힙니다."
"그 말씀은 시도해보신 적이 있다는 말씀이네요."
"전에 TV에서 어떤 분의 강의를 듣고 시도해 본 적이 있습니다. 막상 적으려니 막막하고 적어보니 좀 유치하고, 그래서 그만두었습니다."
"저도 그랬습니다. 그래도 일단 적어보세요. 그리고 좀 묵혀두신 다음 다시 수정하세요. 저도 그렇게 하였습니다. 몇 차례 수정을 거치면 나름대로 '이 정도면 됐어!'하는 생각이 들 것입니다. 그 과정이 자신의 미래를 정리하는 것입니다. 소중한 미래가 잠시의 생각으로 정리될 리 없으니까요."
"네. 그런 방법이 있군요."
"과제입니다."
"네???"
"2주 후에 모두 목표카드를 만들어 오시기 바랍니다. 여러분들의 목표를 제가 일일이 확인하지는 않겠지만, 카드를 만들었는지는 확인하겠습니다. 그리고 자신의 목표를 발표해주시는 다섯 분께는 제가 쓴 책을 선물로 드리겠습니다. 알고 실천하지 않으면 아무 소용 없으니 꼭 만들어오세요."

"부장님 강의 잘 들었습니다."
"그래, 당장 목표를 세워야 하겠지?"

"네, 오늘 집에 가면 바로 해보겠습니다."

"그래야지, 그런데 오늘 강의들은 분들 중에 몇 사람이 실천할까?"

"과제로 내셨는데, 다 하지 않을까요?"

"그러면 좋겠지."

"저는 만들어서 보여드리겠습니다."

"하하하 그러지 않아도 돼, 그건 고선생 스스로와의 싸움이니까. 항상 적은 내 안에 있는 거지 남이 아니야."

"네."

"아까 말한 것처럼 목표를 적는다는 것은 곧 미래를 생각하는 거니 서두르지 말고 천천히 해봐."

"네 부장님."

"부장님, 지난번에 말씀하신……."

"아 그래, 오팀장, 팀 목표 말이지!"

"앉아봐, 그래 어떻게 협의했나?"

"아이들과 함께 글을 써보려고요."

"무슨 글?"

"구체적인 방향은 정하지 않았지만, 지난번에 오셔서 재능기부하시겠다는 소설가 선생님과 의논하면 어떨까 해서요."

"아이들 인성함양에 좋은 방안이지. 우리가 글쓰기 전문가는 아니니 협의를 드리면 좋을 거야. 내가 연락드릴까?"

"네 아무래도 그게 좋을 것 같습니다."

"알았어."

"오팀장. 팀목표 진행상황이 어떻게 돼가나?"

"소설가 선생님께서 주 1회 글쓰기 강의를 해주시고 계십니다."

"그리고?"

"……."

"그리고 어떤 성과물을 얻는데?"

"아이들 인성교육에 도움이 된다고 생각합니다."

"그거야 당연하겠지만, 눈에 보이는 성과물이 뭐냐고?"

"……."

"사업을 하면 성과물이 나타나야 하잖아."

"……."

"성과관리란 말 못 들어봤어? 아이들이 쓴 글을 어떻게 관리운영하느냐에 따라 성과물이 달라지잖아."

"네……."

"아이들마다 폴더를 만들고 본인이 작성한 글을 워드로 입력하게 해. 좋은 글이 많아지면 자료집으로 만들 수 있잖아!"

"네……."

"팀 목표가 좋은 성과로 작용할 수 있도록 해야지. 그건 평가에도 영향을 미치게 돼."

"네……."

"내일 오후에 나와 함께 평가 관련 회의를 하자고."

"오팀장은 처음이지만 다른 선생님들은 매년 평가를 받았지요?"

"네."

"준비상황이 어떤가요?"

"현재로서는 전년도와 비슷한 정도입니다."

"그럼 우수가능성도 어려운 거 아닌가요?"

"……."

"모두 지난해보다 잘하려고 노력할 텐데 우리가 지난해와 비슷하다는 건 곧 처지고 있다는 거 아닌가요?"

"……."

"올해 팀의 목표가 무엇입니까?"

"최우수 평가입니다."

"목표를 달성하려면 어떻게 해야 합니까?"

"아무래도 차별화되고 의미 있는 프로그램을 개발하는 것이라고 생각합니다."

"그게 뭐죠?"

"글쓰기입니다."

"다른 곳에서 글쓰기를 안 한다는 확신은?"

"……."

"같은 글쓰기를 했는데 성과는 다를 수 있어요. 글쓰기 공모나 대회에 나가 입상하는 것도 방법이고, 시설에 계신 어르신들에게 편지를 쓰는 것도 생각해보고."

"네……."

"아이디어 회의를 하세요. 아울러 글쓰기 하나로는 두드러지기 어려워요. 몇 가지 아이디어를 더 생각해보세요. 다음 주 이 시간에 그 결과를 알려주세요."

"……."

"올해는 반드시 최우수 목표를 달성해야 합니다."

6장

멘토를 찾아내고
본받아라

앞서 소개한 마크 빅터 한센이 한국강연에서 여러 가지 성공비결을 말했다. 그중 하나가 '멘토mentor. 스승, 안내자'다. 자신에게는 44명의 멘토가 있다고 밝혔다. 플라톤, 소크라테스, 아리스토텔레스, 알렉산더대왕 등 역사 속 인물부터 대학 스승까지 많은 멘토로부터 영감을 얻고 가르침을 얻어 성공했다는 것이다. 정부장 역시 많은 멘토가 있다. 정부장은 앞서 밝힌 바와 같이 남의 말을 듣기보다는 스스로 개척하는 강점을 지니고 있다. 강점이라는 것이 뒤집으면 약점이지 않은가? 정부장은 현존해서 만나는 사람보다 과거의 인물, 먼 나라 인물, 만날 가능성이 없는 인물들을 멘토로 하고 있다.

"부장님, 통화 괜찮으세요?"
"하이 함박스테이크!"
"암튼 노인네 못 말려!"
"아니, 함박사 스테이크 좋아하잖아?"
"됐고요, 한 삼일 강의 가능하세요?"
"뭔 강의?"
"부장님 평소 하시는 주제로 하시면 돼요."
"저녁 시간이지?"
"물론이죠. 일정표를 메일로 보낼게요."
"알았어요, 함박스……."

함박사는 정부장을 멘토로 생각한다. 물론 그런 약속은 없었다. 함박사 스스로 본인의 스승이라고 생각하는 것이다. 정부장은 누구와도 그런 약속은 할 처지는 아니라고 생각한다. 그러나 다섯 번의 주례 경험으로 약속이든 아니든 멘토로서 역할을 하는 것은 맞는 것 같다. 스스로든 남이든 강점을 발견하고 반짝반짝 빛날 때까지 닦고 촉진하는 게 강점이 아니던가? 함박사는 대단한 열정의 소유자다. 가치 있는 일이라면 해야 하고, 어떠한 난관도 이겨내는 정신력의 소유자다.

10년 전 일이다. 정부장 기관에서 어려운 아이들 방과 후 수업을 했는데 중학교 2학년까지여서 3학년 아이들에 대해 함께 고민했다. 학원 갈 형편이 안 되는 아이들에게 중요한 1년이 방치되는 것을 해결하고자 하는 것이다. 여러 차례 고민 끝에 함박사가 회장으로 있는 모임에서 운영키로 하고 바자회를 열었다. 운영경비를 마련하기 위해서다. 그렇게 시작한 과정이 지금까지 운영되고 있다. 넉넉하진 않아도 기업에서도 매년 후원을 받아내고 있다.

"부장님 저녁에 시간 있으신지요."
"뭔 일 있어?"
"아니요, 새로 온 고선생하고 식사라도 할까 해서요."
"아 그래, 그러지."

"협의를 했습니다. 자원봉사를 시작하셔도 되겠습니다."
"네, 감사합니다."
"그런데 지난번에 말씀하려 했던 목표가 궁금합니다."
"네, 뭐 거창한 건 아니고요. 취업한 다음에도 계속 공부하려고요."

"공부야 평생 해야 하는 것이 요즘 대세긴 하지요."

"취업을 한다 해도 정년이라는 게 있고, 정년 후에도 뭔가 일이 있어야 하겠다는 생각입니다만 딱히 무엇을 해야 하는지는 정하지 못했습니다."

"자원봉사하시면서도 공부를 하시면 좋을 것 같습니다."

"그런데 어떤 공부를 해야 할지요?"

"대체로 유사 인접학문을 해두면 기회의 폭이 넓어집니다. 학점은행제도가 있어서 학교에 다니지 않아도 학위나 자격을 취득할 수 있습니다."

"네 감사합니다. 열심히 해보겠습니다."

"그리고 목표는 반드시 구체적으로 작성하셔야 합니다. 이루어질 수 있을까 하는 염려는 접어두시고 무조건 작성해야만 합니다. 수정은 언제나 가능하니까요. 괜찮으시면 작성하셔서 저를 보여주시면 조언해드릴 수 있습니다."

"네, 그렇게 해보겠습니다."

"멘토가 있으신가요?"

"글쎄요, 교수님 딱히 생각해보지 않았습니다."

"혹시 어려운 일이 있을 때 누구랑 의논하시나요?"

"네, 우리 아파트에 사시는 언니 뻘 되시는 분하고 의논합니다. 신앙도 깊으시고, 사회활동도 활발히 하시는 분이신데 얘기가 잘 통합니다."

"그럼 그분이 멘토시네요. 누구나 멘토가 있으실 겁니다. 다만 멘토라고 하는 개념으로는 생각하지 않으셨을 것입니다. 오디세이가 트로이 전쟁에 출정하면서 집안일과 아들 텔레마코스의 교육을 그의 친구인 멘토에게 맡겼습니다. 오디세이가 전쟁에서 돌아오기까지 무려 10여 년 동안 멘토는 왕자의 친구, 선생, 상담자, 때로는 아버지가 되어 그를 잘 돌보아 주었다고 합니다. 그 이후로 멘토라는 그의 이름은 지혜와 신뢰로 한 사람의 인생을 이끌어 주는 지도자의 동의어로 사용되고 있습니다. 멘토는 나이와 상관없이 자신을 지지하고 이끌어주는 사람이라고 할 수 있습니다. 저희 기관에서는 고등학생과 형편이 어려운 초등학생들을 연계한 멘토링활동을 하고 있습니다."

"여러분들께서도 이미 멘토거나 멘티이실 겁니다. 즉, 누군가에게는 도움을 주고, 누군가에게는 도움을 받는 거지요. 그러나 멘토를 많이 가질수록 좋겠습니다. 누군가 나에게 결정적인 영향력을 준다는 것은 바람직하지 않을까요? 그저 주변에서 만나는 몇몇에서 확대되어야 합니다. 그런데 현존하는 훌륭한 분들 다수와 멘토링관계를 형성하는 것은 현실적으로 어렵습니다. 마크 빅터 한센이 주장한 것처럼 역사적인 과거의 인물, 다른 나라의 인물, 현존하지만 굳이 만나지 않더라도 충분히 자신에게 도움을 주는 인물을 멘토로 생각하시면 됩니다. 멘토에게 결정적인 영향을 받는다는 것은 멘토가 직접 쓰거나 멘토를 대상으로 다른 사람이 쓴 책을 보았다는 뜻일 것입니다. 아무 내용도 모르면서 영향을 받을 수는 없겠지요. 결국은 앞서 말씀드린 바와 같이 독서를 통해 멘토를 만나시는 방법이 가장 효과적이라고 생각합니다."

"저는 47세에 처음 주례를 섰습니다. 연수에서 만났던 사람인데 두 연인이 저를 찾아와서는 주례를 부탁했습니다. 좀 놀랍고 당황스러웠습니다. 단지 며칠 동안 함께 연수를 받았을 뿐인데 주례 설 입장이 되는지 걱정이 앞섰습니다. 간곡한 부탁을 계속 거절하기가 어려워서 생애 처음으로 주례를 하게 되었습니다. 지금까지 다섯 쌍에게 주례를 하였습니다. 멘토는 가까이에도 있습니다. 그런데 가까이서 만나는 멘토와 멘티는 어느 한쪽이 일방적이기보다는 서로에게 도움이 되는 관계가 되어야 할 것입니다. 인적네트워크를 잘 하려면 상호 교환할 만한 가치가 있어야 합니다. 받는 기쁨보다 주는 기쁨이 더 크다는 생각이면 좋은 멘토링관계를 유지할 수 있을 것입니다."

"부장님 잘 먹었습니다. 제가 모시려고 했는데 부장님이 계산하셨네요."
"불러주는 것도 고마운데 밥은 내가 사야지. 그럼 오팀장이 차나 한잔 사지?"
"네, 그러겠습니다. 고선생도 같이 가요."
"네 오팀장님, 감사합니다."

"부장님, 직장생활에 도움 말씀을 듣고 싶어서요."
"음, 찻값 해달라는 거지?"
"에이 부장님도. 다른 분들에게는 말씀 잘 해주시잖아요."
"음, 일단 기초태도를 잘 알아야 해. 다른 말로 기본기라고 할까? 인사예절, 전화예절, 업무예절 등이지. 다 아는 것 같지만 실제로 이러한 기본기를 모르거나 무시하는데, 이는 매우 잘못된 생각이지. 사람이 인사하는 것에도 많은 이야기를 담고 있지. 정면을 바로 보고 눈을 마주치는 인사가 되어야 해. 상대를 존중한다는 메시지가 담겨야 한다는 거지."

"……."

"전화받는 태도만 봐도 프로인지 아마추어인지 구분이 돼. 다른 사람에게 온 전화의 메모만 봐도 그래. 업무시간에 사적 전화를 길게 한다면 이미 자격상실이라고 봐. 먼저 오팀장 지적받았지? 업무시간이 자기 시간인 줄 착각하는 거지. 엄연히 대가를 받고 있는 공적인 시간인데, 의외로 이걸 깨닫지 못하는 사람도 있어. 간단히 통화하는 정도를 두고 간섭하진 않아"

"……."

"업무예절이란 뭘까? 직장에서 업무는 모든 일을 포함하는 거지. 일을 협의하거나, 지시받거나, 보고하거나, 자기에게 배정된 일을 하는 등이지. 열심히 노력하는지, 건성건성 하는지는 스스로도 알아. 문제는 자신이 하는 일의 본질이 무엇인지를 잃어버리는 거야. 그곳에 왜 존재하는지를 잘 모르는 것은 긴장의 끈을 놓게 되고, 하루하루 보내는 거야. 그렇게 습관이 되면 인생의 큰 손실을 자초하는 결과를 낳게 돼."

"……."

"좋아하는 일을 하는 것이 최상이지만, 하는 일을 좋아하는 것도 방법이야. 하는 일이 좋아야 즐겁고 성과를 내는 법이지. 오팀장 지난번에 실습선생님들이랑 식사했지? 막 나가려는데 장소가 어딘지 이야기하는 것은 타이밍을 놓친 거야. 장소가 미리 정해졌으면, 그분들께도 미리 얘기해주고, 주차는 어떻게 해야 하는지도 알려주고 했어야 하는 거지. 그게 배려야. 어쩌다 바빠서 놓친 게 아니고 늘상 그렇다면 업무태도에 문제가 있는 거지. 특히 오팀장은 미루는 습관을 고쳐야 해. 즉시 실행하는 습관을 지녀야 한다는 거지."

"……."

"내가 그 일을 좋아하는지 아닌지는 아침에 일어날 때의 느낌이 어떠냐에 달려있어. 좋아하는 일을 하러 가는데, 얼른 일어나서 일 처리 하려는 마음이 들지 않겠어. 그저 오늘 하루도 나가야 하는 직장이라는 느낌이라면 심각한 거야. 주어진 일이나 간신히 하는 태도는 조만간 조직을 떠나겠다고 신호를 보내는 것이나 다름없어. 나야 직장생활 20년이니 누가 그런 사람인지 보여. 그리고 그런 사람은 떠나지. 특히 안주하려는 안이함은 본인을 망치는 지름길이야. 요즘 너도나도 공부하여 실력을 기르려 노력하는데 본인만 안하면 도태될 수밖에."

"……."

"내 경험으로는 자기가 하는 일과 분야에 대해 최소한 50권은 읽어야 한다고 봐. 그래야 자기분야에 대해 남에게 두 시간 정도는 말할 수 있겠지. 근거도 없이 자기 생각만으로 얼마나 버티겠어. 우리는 사람들을 대상으로 교육적 활동서비스를 하는 거잖아. 그런데 지속적인 배움 없이는 서비스의 질이 담보되지 못하는 거야. 우리의 사업대상이 청소년만이라고 생각하면 큰 착각이야. 학부모, 학교 교사, 지역사회의 기관단체 등 모두가 대상이야. 그들과 네트워크 지속하려면 그만한 사람이어야 하는 거지. 오팀장은 나를 편안히 멘토라고 생각하고 가끔 자리하면 좋겠어. 오팀장은 오후 1시에 출근이니까 오전에 내방에서 해도 되잖아?"

"네, 그렇게 하겠습니다."

"아 그리고, 특히 유념해야 할 것은 뒷담화야. 뒤에서 남의 말 하는 걸 말하는 거지. 누구와 대놓고 싸우는 시대도 아닌데 뒷담화로 남과 원수가 되는 건 곤란하지. 세상에 이런저런 사람이 함께하기 마련인데, 나와 생각과 행동이 다르다고 배척하는 것은 곧 나를 배척해달라는 것과 같아. 단점 없는 사람이 있겠어. 최대한 장점을 보려고 노력하고 지지하는 자세가 중요해."

"……."

"이런 사람도 있어. 감정조절이 안 돼서 자기 멋대로 맑았다 흐렸다 하는 거지. 기복 없는 감정으로 동료들과 지내야 하는데 이런 사람은 동료들에게 피해를 주는 거야. 또 어떤 사람에게는 맑기만 하고 어떤 사람에게는 흐리기만 해. 직장은 자기감정을 멋대로 드러내는 곳이 아니지. 상호 배려하는 가운데 최상의 팀워크를 이루는 게 중요하지. 감정조절이 안 되는 사람은 조직생활 부적응자나 마찬가지야."

"……."

"오팀장이나 고선생이나 아직은 신입직원이나 마찬가지야. 초년시절 직장생활습관이 매우 중요해. 이런 자리를 멘토링 하는 자리라고 보면 돼. 두 사람도 자신의 모델로 삼고 싶은 멘토를 많이 찾아내야 해. 윗사람을 선택할 수는 없잖아. 그렇다면 윗사람의 성품이나 태도, 생각이나 방법도 받아들여야 하는 직장의 요소 중 하나지.

요즘 누가 윗사람 눈치 보나. 눈치 보라는 게 아니라 그 부분도 매우 중요하다는 거지. 두 사람도 언젠가는 윗사람이 될 거잖아. 그럼 자기직원들이 어떻게 대해주길 바랄지 생각해보면 답은 간단해. 자기를 경영하면서 타인의 영향을 받지 않는다는 건 불가능해. 오늘은 여기까지 하지. 들어줘서 고마워."

"감사합니다. 부장님, 명심해서 실천해 보겠습니다."

정부장은 함박사가 교수로 가기 전 했던 대화가 문득 생각났다. 특정종교학교인데 괜찮을지를 의논하러 온 것이다.

"부장님 그 대학의 종교가 좀 걸려요."

"그럴 필요가 있을까? 꽤 큰 대학이잖아?"

"저랑 종교도 다르고."

"그 자리에 있던 교수가 아는 사람이라면서?"

"네."

"그럼 한 번 여쭤봐. 종교적 압력이 있는지. 내 생각엔 그럴 것 같진 않아"

"그렇게 해볼게요."

함박사는 그 대학 교수가 되었다. 그의 열정으로 또 다른 세상을 만날 것이고 가치를 창출하리라고 생각한다.

"어서 오세요."

"지난 번 의논드렸던 아들이요."

"어찌되었나요?"

"아들이 아빠랑 둘이 여행도 다녀오고 많이 가까워졌습니다."

"다행이군요."

"저도 이제는 책이 읽혀집니다. 어제 아이들과 도서관엘 다녀왔습니다."

"정말 다행입니다."

7장

명품인생으로
브랜드가치를 높여라

원 베네딕트는 '명품을 부러워하는 인생이 되지 말고 스스로 명품이 되라.'고 한다. '자신의 이름 석 자가 최고의 브랜드가 되라.'고 한다. 명품은 뛰어나거나 이름이 난 물건이나 작품을 말한다. 앞에 명품이라는 명사가 붙는 물건이나 작품들을 누구나 좋아한다. 이름 석 자 앞에 명품 아무개라고 불리 운다면 그는 분명 뛰어난 사람일 것이다.

자신의 분야에서 뛰어난 사람은 알려지기 마련이다. 어떻게 하면 명품인간이 될까? 공병호는 '명품인간이 되는 10년의 법칙'이라는 책을 썼다. 말콤 그래드웰은 '아웃 라이어'에서 1만 시간의 법칙을 주장했다. 어느 한 분야에서 그 정도는 투자해야 명품인간이 된다는 것이다.

"고선생 차 한 잔 할까?"

"네, 부장님"

"요즘은 무슨 책을 읽고 있나?"

"추천해주신 공병호님의 '내공'을 읽고 있습니다."

"많이 도움이 되던가?"

"네, 아주 유익하게 읽고 있습니다."

"추천 상위에 해당하는 책이지. 아침에 일찍 나온 지 얼마쯤 됐나?"

"한 달 좀 넘었습니다."

"어떤가?"

"제가 많이 변화되는 것 같습니다."

"고선생은 명품이 될 거야."

"네?"

"아주 훌륭한 사람이 될 거라는 거지."

"……."

"시작이 반이라 했지?"

"네, 노력하겠습니다."

"여성들이 가지고 싶어 하는 핸드백 명품이 어떤 게 있죠?"

"루이비통이요."

"샤넬이요."

"구찌요."

"쿠론이라는 국산명품도 있습니다."

"그렇지요. 명품은 누구나 좋아합니다. 오늘의 주제는 명품인간입니다. 스스로 명품이면 명품으로 치장할 일이 없겠지요? 명품인간은 어떤 사람일까요? 우선은 자신의 전문분야가 있는 사람일 것입니다. 그 분야에서 알아주는 사람이겠지요. 아마도 해당 분야에서 1% 미만이 아닐까 합니다.

'인생에 변명하지 마라'라는 책을 쓴 총각 네 야채가게 이영석 사장님 같은 분이 명품인간에 속할 것입니다. 가게가 오픈하기 전부터 줄을 서고, 타 지역에서 장보기 원정을 오고, 대기업에서도 배워간다는 '국가대표급 장사꾼'이니 명품이 아닐 수 없습니다. 한마디로 다른 사람으로 대체가 쉽지 않은 사람이 명품인간일 것입니다. 첨단 분야도 아닌 야채가게를 하면서 국가대표급이 된다는 사례는 어느 분야나 가능하다고 시사하는 것입니다."

"앞서 목표를 말씀드렸지만, 이영석 사장님도 분명한 목표를 적어 두고 달성해 나갔다고 합니다. 그분은 '2시간 먼저 출근하고, 2시간 늦게 퇴근하고, 2배로 열심히 일하라.'고 주문합니다. 이쯤 되면 명품인간이 될 수밖에 없을 것입니다. 야채장사꾼답게 '사람은 믿되 물건은 믿지 말라. 확인하고 또 확인하라.'고 합니다.

만약 여러분들 중에 자영업을 하시는 분이라면 이런 분이 멘토가 될 것입니다. 자신의 분야에 1인자가 누군지 확인하고 따라 하면 시행착오를 줄일 수 있겠지요. 그분은 '성공이란 자신의 모습을 솔직하게 인정하고, 현재의 모습에서 벗어나기 위한 노력에서부터 시작한다.'고 주장합니다. 자신의 현재 지점을 알아야 하는 것은 무척 중요합니다."

"저는 명품인간이라는 개념을 접한 후 제가 속한 분야를 살펴보았습니다. 저와 같은 유자격자가 3만 명쯤이었습니다. 3천 명이면 10%, 300명이면 1%입니다. 그래서 300명 안에는 들어야 한다는 생각으로 노력했습니다. 지난 10년 동안의 노력 끝에 그쯤은 되지 않았을까 생각해봅니다. 여러분들께서는 같은 공부를 하고 있습니다. 여러분들께서 확보하고자 하는 자격증을 가진 사람이 대략 63만 명입니다. 1%면 6천3백 명입니다. 저의 분야보다는 훨씬 폭이 크네요. 도전해 보시기 바랍니다."

"명품인간이 되기 위해서는 명품인간을 만나야 합니다. 앞서 멘토를 말씀드렸습니다만 만나는 사람이 중요합니다. 만난다는 것이 꼭 대면하는 것은 아니라고 말씀드렸습니다. 테드TED, www.ted.com

라는 사이트는 전 세계에서 가장 뛰어난 영감을 가진 사람들이 자신의 이야기를 들려주는 형식으로 운영되고 있습니다. 한국어 자막이 있는 강의들도 많습니다.

테드는 세계의 지성이 자발적으로 몰려드는 지식과 영감의 대명사입니다. 최고의 아이디어와 감동을 만날 수 있습니다. 강의도 대체로 짧아 드라마 한 편 볼 시간이면 세계적인 지성들을 여럿 만날 수 있습니다."

"우리나라에도 '세상을 바꾸는 시간 15분www.cbs.co.kr/tv/pgm/cbs15min'이라는 사이트가 운영되고 있습니다. 인터넷에서 저명인사들의 강연을 접할 수 있습니다. 점심 먹고 매일 한편씩 봐도 1년을 넘게 봐야 할 분량이 서비스되고 있습니다.

칸 아카데미www.khanacademy.org라는 사이트에서는 28개국의 언어로 세계적 수준의 교육을 무상으로 제공하고 있습니다. 한국어 서비스는 없지만 제공될 날이 오리라고 생각합니다. 그 사람이 만나는 사람을 보면 그 사람을 알 수 있다고 합니다. 명품인간들을 만나시고, 명품인간이 되시기 바랍니다. 명품인간은 결국 잘 팔리는 사람이 아닐까요? 여기저기서 필요한 사람 말입니다."

"명품인간이 되려면 투자를 해야 합니다. 목표를 세우고 습관을 만들면 시간문제라고 생각합니다. 한 번 사는 인생 명품으로 거듭나는 거 멋지지 않겠습니까? 다른 사람도 하는데 나는 안 된다고 주저할 이유는 없습니다. 안주하지만 않으시면 가능합니다. 안주하면 삶아져 죽는 개구리와 다를 바 없습니다. 변온동물인 개구리에게 적응시간을 주고 서서히 온도를 높이면 탈출할 생각하지 않고 삶아져 죽는다는 것입니다. 반면 끓는 물에 넣으면 탈출한다는 것입니다. 급변하는 사회라는 것을 인지하면서도 개구리처럼 안주하면 누구를 탓할 수 있겠습니까. 병이나 사고보다 오래 살 위험이 커진 시대, 이왕이면 명품인생으로 존중받는 삶이 되길 바랍니다."

"제가 2주 전에 과제를 드렸죠? 목표카드를 만들어 오시라고 했는데 다들 만드셨나요?"

"네!!!"

"와 정말 다 만드셨어요? 혹시 못 만드신 분 손 들어보세요!"

"일곱 분이 손을 드셨네요. 일곱 분은 다음 주까지 만들어 오실 거죠?

"네……."

"꼭 만들어 오시길 바라는 마음으로 이분들에게 박수를 보내주시기 바랍니다."

"누가 발표하실 분 있으신가요?"

"……."

"자신의 목표를 발표하신다는 게 좀 쑥스럽긴 하겠지만 이렇게 공개적으로 발표하면 꼭 달성하게 되는 효과가 있습니다. 음 그럼 과대표의 발표를 먼저 들어보면 어떨까요?"

"네!!! 좋아요."

"우리는 등 떠미는 거 좋아하잖아요. 과대표님을 박수로 환영해 주시기 바랍니다."

"저는 현재 직업이 공인중개사입니다. 제가 하고 있는 업이 부동산경기에 많은 영향을 받습니다. 한국주택문제연구원은 적정중개업소 수가 25,000개라고 2011년 보고서에서 밝혔지만, 중개업소 수는 86,000개로 초과포화상태입니다. 그럼에도 매년 16,000명 내외로 자격자가 배출되고 있습니다. 제가 이 학과를 선택하여 공부하게 된 것은 보다 안정적인 저의 미래를 위해서입니다.

제가 적은 나이는 아니지만, 졸업 후 취업이 우선이라고 생각합니다. 수입도 수입이지만 노후에도 일하면서 살고 싶습니다. 그래서 교수님 강의를 열심히 들으면서 많은 생각을 하고 있습니다.

저의 목적은 이렇습니다. '나누는 삶과 일을 통해 건강하고 행복한 삶을 살자'입니다.

목표로는 '첫째, 졸업 후 반드시 취업한다.'입니다. 이를 위해 정규직이든 기간제이든 시간제이든 눈높이를 낮추고 취업할 것입니다. 경력을 쌓다 보면 좋은 일자리를 얻을 수 있을 거라 생각합니다. '둘째, 1% 전문가 되기입니다.' 교수님처럼 제가 가고자 하는 분야에 1%에 해당하는 사람이 되도록 노력하겠습니다. 그러기 위한 하위목표로 독서 500권, 석사학위취득을 목표로 하였습니다. '셋째, 창업하기.'입니다. 취업을 통해 쌓은 전문성을 살려 60세쯤에는 창업을 하겠습니다. 창업에 관한 책도 보고, 창업선배들의 노하우도 미리미리 배울 예정입니다. 여기까지 생각했습니다만 좀 더 구체적인 것을 계속 생각하고 보완할 것입니다. 감사합니다."

"와!!! 짝짝짝."

"감사합니다. 제가 교수님 강의를 들으면서 저 자신에 대해 많은 생각을 해보았습니다. 지난 세월도 돌이켜 보고, 미래도 생각해보았습니다. 아내로서 주부로서 공인중개사로 사는 삶을 돌이켜보고 정말 길어진 삶에 대해 고민하였습니다. 그러나 아직 더 많은 고민이 필요하다고 생각합니다. 고민을 거듭하여 목적과 목표를 보완하겠습니다."

"잘하셨죠?"

"네!!!"

"훌륭합니다. 말씀하신 대로 더욱 고민하셔야 하겠지만, 현재 자신의 상황분석을 바탕으로 잘 정리하셨습니다. 책을 선물로 드리겠습니다."

"명품인간이 되기 위해 어떻게 해야 할까요? 제가 지금까지 말씀드린 것 말고요."

"교수님! 제 생각엔 아무래도 장애요인 어떻게 극복하는 문제인 것 같습니다. 하던 대로 하고자 하는 것을 변화시킨다는 게 쉬운 일은 아닌 것 같습니다."

"당연한 말씀입니다. 쉬운 일은 아니지요. 그래서 강한 동기를 받아야 하는데 어떤 방법이 있을까요?"

"네. 그걸 알면 좋겠지만……."

"제 생각엔 위기의식이 필요한 것 같습니다. 자신의 삶에 대해 계량화해 보는 방법은 어떨까요? 지금 40세라면 100세까지 살아가는 동안 필요한 돈이 얼마인지, 수입은 얼마나 가능한지. 여기엔 자녀들의 교육비, 출가비용, 예상치 못한 일들에 대한 여유자금 등을 계산해 보는 것입니다. 보건복지부가 발표한 2012년 4인 가족 최저생계비는 약 225만 원입니다. 40세가 60세까지 4인 가구로 산다면 5억 4천만 원이 필요합니다. 60세부터 2인 가족으로 산다면 대충

150만 원이 필요하다고 해도 7억 2천만 원이네요. 80세까지 20년 동안 200만 원씩 번다면 4억 8천만 원입니다. 계산이 마이너스로 나타나죠. 이렇듯 여러 가지 측면에서 계량화해 보는 것도 방법입니다. 최저생계비만으로 계산해본 것입니다. 서울의 2인 가구 생활비는 월 215만 원이라고 합니다. 그렇게 계산하면 7억 2천만 원에서 10억 3백2십만 원으로 늘어납니다. 많은 변수를 고려하지 않은 단순계산입니다. 그 밖에도 우리가 위기의식을 가져야만 하는 이유는 많습니다만 여러분들 스스로 찾아내야 합니다. 남이 해주는 얘기는 들을 때는 그럴듯하지만, 체화, 즉 자기 것이 되기는 어렵기 때문입니다."

"저도 저의 삶에 대한 계산을 해봐야겠습니다."
"그래야지. 고선생처럼 젊은 시절부터 그렇게 살면 좋겠지. 나보다는 20년이나 빠른 거지."
"네. 부장님."
"알고 있겠지만 우리 기관이 3년마다 하는 평가가 올해지?"
"네 그렇게 알고 있습니다."
"가을에 평가단이 올 텐데 지금부터 미리 준비해야지. 고선생이 맡아서 준비해 보겠나?"
"제가요? 선배님들도 있으신데······."
"맡아서 해봐. 겁낼 거 없어. 지난해 이미 한 사업과 운영을 중심으로 평가하기 때문에 차분히 준비하면 돼."
"네, 맡겨주시면 해보겠습니다."
"평가지표별로 서류를 챙기고, 잘 정리하는 게 중요해. 최우수기

　중년을 넘는 기술

관을 목표로 준비해봐."

"네, 우선 평가지표부터 잘 이해하도록 하고, 궁금한 사항은 여쭤
보겠습니다."

"자신의 이름이 곧 브랜드인 사람들을 잘 보면 도전하는 사람들
이지. 자신이 감당하기 어려운 일에 도전하고 성취해내는 사람들이
야."

"그런 것 같습니다."

"평가준비 자체가 쉬운 일은 아니니까 도전해보라는 거야."

"부장님! 이것 좀 봐주시겠어요."

"뭔데? 오팀장."

"기업체와 사회복지재단에서 어려운 아이들을 대상으로 로봇교
실을 지원한다는 공지입니다. 저희에게 주는 사업비는 오십만 원이
라 좀 적습니다."

"사업 가치는?"

"네?"

"그 사업 통해 얻어질 가치가 뭘까?"

"음 어려운 아이들에게 경험하기 어려운 기회를 제공합니다."

"또?"

"대기업과 유명한 사회복지재단과의 연계입니다. 그리고 로봇체험
은 가격이 비싸서 실제 사업비는 많이 들어갑니다. 그리고 35회 차
로 진행하니까 강사비도 많이 들겠는데요."

"또?"

"……."

"가령 우리 기관홍보에서 대기업과의 연계프로그램이 있는 것과 없는 것의 차이는?"

"아무래도 있어 보이지 않을까요?"

"하하하. 있어 보인다. 그럴듯하군. 기관의 브랜드가치를 높여줄 만 하다는 거지?"

"네. 바로 그겁니다."

"오팀장."

"네. 부장님."

"사업비를 얼마 지원받는가도 중요하지만, 사업으로 얻게 될 가치가 무엇인가를 생각해야 해. 그런 생각을 잘하는 사람이 명품인간이야."

"네? 명품인간이요?"

"나중에 고선생하고 차 한잔 하면서 명품인간이 뭐냐고 물어봐."

"네에. 부장님."

"그 사업공모에서 꼭 선정되도록 노력하고."

"네. 최선을 다하겠습니다."

"직업인 섭외 몇 분이 결정됐지?"

"네. 현재 일곱 분입니다."

"열 세분을 더해야하네?"

"네 생각은 있으신데 글을 써야 하는 부담들이 크신 것 같습니다."

"아무래도 그렇겠지. 그래도 지난해보다는 잘 되는 중이야. 지난해 나온 책을 보고는 이 정도는 할 수 있겠다는 분들이지."

"네. 부장님."

"아무도 안 한 일이지만 우리는 해냈잖아. 이러한 일들이 쌓여 기관의 브랜드가치를 높이는 거니까 힘을 내라고."

"네. 그렇게 하겠습니다."

"부장님 아이디어회의 결과를 말씀드리겠습니다."

"그래요."

"우선 글쓰기는 부장님 말씀대로 성과관리를 보다 강화하겠습니다. 각종 공모나 대회를 찾아보고 참여시키겠습니다. 그리고 자료집으로 만들어서 평가도 받고, 아이들이 간직하도록 하겠습니다. 시설 어르신들에게 쓰는 편지는 먼저 아이들과 일대일로 결연을 맺고 시작 하겠습니다. 그 전에 시설에서 봉사활동을 하도록 하겠습니다."

"그게 좋을 것 같네요. 다른 건?"

"문화·복지지도 만들기를 해보려고 합니다. 아이들 자신들이 거주하는 지역에 대해 관심을 높이고 역사교육 효과를 기대할 수 있다고 생각합니다. 문화시설, 옛 건물터나 문화재, 복지시설 등을 찾아보고 지도를 만듭니다."

"전문 인력이 필요한가요?"

"인근 대학에 일러스트관련학과가 있어서 성과물이 가능할 것 같습니다. 문화나 복지 등은 관련 기관들의 협조를 받으면 어렵지 않을 것 같습니다."

"그렇군."

"지난번에 조사한 아이들 강점을 바탕으로 진로설계를 하겠습니다. 아이들의 로드맵을 만들어 자료집으로 만들도록 해보겠습니다."

"그거 좋겠는데. 그 작업은 아무 데도 안 할 거 같은데요?"

"그렇게 생각합니다."

"좋아요. 그 세 가지를 목표로 하고 치밀하게 준비토록 해요. 또 다른 아이디어가 있으면 언제든 얘기하고요."

"네. 알겠습니다."

8장

융합형 인재로
전문가가 되라

융합의 시대다. 융합의 대표주자는 스마트폰일 것이다. 미니컴퓨터를 휴대하는 것이나 다름없으며, 다양한 기능들이 융합되어 하나의 스마트폰이 된 것이다. 인재도 융합형 인재가 필요하다. 한 분야를 깊게 파고드는 인재도 필요하지만, 급속한 변화에 대응할 수 있도록 다양한 분야를 두루 할 수 있는 인재가 중요해졌다. 한 가지가 아닌 여러 가지의 분야에 대한 지식과 능력을 갖추고 있는 사람을 멀티 플레이어multi player라고 한다. 정부장은 4가지 유사분야를 전공했다. 덕분에 각 분야에서 두루 활동한다. 이를 분산으로도 생각할 수 있지만, 오히려 시너지효과를 내고 있다. 요즘처럼 협업을 중시하던 때가 일찍이 없었다고 생각한다.

"부장님 분과회의에 다녀오겠습니다."

"그래, 그분과 요즘 잘 운영되고 있나?

"네, 여러 기관이 협조하기로 한 사업이 잘될 것 같습니다. 한 기관만으로는 어려운 일이었습니다."

"그렇군, 고선생도 데려갈 수 있나? 인사도 시킬 겸."

"네, 괜찮습니다. 데려가겠습니다."

"그럼 다녀와요."

"고선생 오늘 분과회의 다녀왔지? 그래 분위기가 어떻던가?"

"네, 신참이라고 모두 반갑게 맞이해주셨습니다. 다양한 기관의 선생님들이 지역사회를 위해 많은 고민을 하고 있다는 걸 느꼈습니다."

"서로 다른 분야가 모여서 하나의 분과를 이루는 걸 융합이라고 할 수 있지."

"네, 부장님."

"멀티플레이어라고 들어봤지?

"네, 스포츠에서 다양한 포지션을 소화하는 선수를 그렇게 부르는 걸 들어봤습니다."

"직장에서도 그런 인재가 필요하다네. 오늘의 주제가 융합이야."

"네, 알겠습니다. 잘 듣도록 하겠습니다."

"어떤 분야에 종사하시나요?"

"복지기관에 근무하고 있습니다."

"주로 하시는 일은?"

"저는 노인프로그램을 담당하고 있습니다."

"주로 어떤 프로그램들이죠?"

"교양, 문화, 건강 등의 프로그램입니다."

"그럼, 교육적인 업무네요."

"그렇다고 할 수 있습니다."

"사회복지와 평생교육이 융합된 업무네요. 대상이 어르신들인 만큼 노인 문제에도 관심을 가지셔야 할 것 같습니다. 요즘의 업무는 한 가지 분야의 전문성만으로 잘해내기가 쉽지 않습니다. 복지영역을 계층별만 봐도 유아, 아동, 청소년, 청년, 장년, 어르신, 여성에 이르기까지 매우 다양합니다. 계층별 대상에 따라 해야 할 공부도 다양합니다. 노인 문제를 훤히 알고 있는 사람의 프로그램과 그렇지 않은 사람의 프로그램은 다를 것입니다. 비슷해 보여도 그 심도나 영향이 다를 거라는 말씀입니다."

"제가 소속한 기관 직원들 중 반 이상이 학생입니다. 전부 온라인 대학이나 대학원에서 공부하는 것입니다. 학비도 저렴할 뿐만 아니라 통학할 필요가 없으니 시간도 절약됩니다. 현재의 전공에서 더욱 심화하는 학습이나 유사학문을 전공하는 것입니다. 융합이나 복합형 인재가 되려는 노력입니다. 문제는 학습하는 사람은 지속적으로 하지만, 안하는 사람은 지속적으로 안 한다는 것입니다. 당장은 별 차이가 없지만 5년, 10년 후의 차이는 엄청나게 날 것입니다. 지속적으로 학습하는 사람은 학습 없이 지내면 불안하다고 합니다. 학습이 습관이 되었다는 뜻이지요."

"그저 한정된 일밖에 시킬 수 없는 직원이 있습니다. 다른 일에는 관심도 없다는 걸 태도로 알 수 있습니다. 업무역량이 지극히 제한적이라는 것입니다. 반면, 어떤 일이든 수용하고 해내는 직원도 있습니다. 일을 기피하는 직원이라면 조직에서 어떤 행동을 취할지 자명한 거 아닐까요. 기회만 있으면 떠나게 할 것입니다. 대개 그런 직원들은 자주 이직하는 걸 볼 수 있습니다. 심각한 취업난이 지속될 전망인데 안타까운 일입니다. 대개 이런 유형은 관점이 코앞에 있습니다. 미래를 보지 않는다는 것입니다. 불과 5년 후만 생각해도 그렇게 할 수 없을 것인데요. 끝을 생각하면서 시작하라는 말이 있습니다. 자기 인생의 끝부터 노년, 중년, 청년단위로 본다면 오늘 어떻게 살 것인지 생각하게 될 것입니다."

"정보제어공학과를 다니던 학생이 제가 있는 기관에 자원봉사활동을 하였습니다. 당연히 컴퓨터를 잘 다루는 학생이지요. 몇 년

동안 많은 자원봉사를 하였습니다. 대학생으로서 참 많은 것을 경험한 거죠. 그러더니 복수전공으로 사회복지를 공부하고 자격증을 취득하였습니다. 어렵다는 청소년상담사자격시험에도 합격하였습니다. 취업도 하였고, 결혼도, 출산도 하였습니다. 높은 경쟁률의 대학원에 합격하여 공부하고 있습니다. 멀티플레이어로서 융합, 복합적인 인재로서의 준비를 하는 것이지요. 2강 강점에서 소개한 바 있죠? 29세에 대학에 출강한다는 여선생의 남편입니다. 유사분야를 두루 공부하였으니 그만큼 취업할 수 있는 분야도 넓어진 것입니다."

"저희 기관에서 실습하시는 분들이 대부분 40대 전후입니다. 여러분들과 비슷한 연령대죠. 여러분들과 같은 공부를 사이버대학이나 학점은행제로 하는 분들이 많습니다. 이분들의 고민이나 여러분들의 고민이 비슷하실 것입니다. 취업이 목표이고 다음엔 어떤 학습을 해야 하는가입니다. 저는 유사분야를 권장합니다. 그만큼 취업가능영역이 넓어지니까요. 취업을 해야 추가로 학습하기가 용이해질 것입니다. 한마디로 융합형이 되라는 것입니다."

"부장님, 융합형 인재라는 것이 이것저것 다양하게 할 수 있는 사람인 거죠?"
"음, 고선생 그렇게 볼 수 있어. 다양한 분야가 녹아들어 한 사람의 인재로 만들어지는 거지. 네트워크시대에 자기분야만 고집하는 것은 고립을 자초하는 것이나 마찬가지야. 그래도 요즘은 시대가 많이 좋아지고 있어. 여러 분야가 관주도 중심에서 민간협력으로 많이 전환하고 있지."

"……."

"다양 분야의 사람들과 만나면서 그들의 고민과 해결방안을 접하는 것만으로도 많은 연결고리를 찾아낼 수 있지. 그것이 자신이 하는 일에 시너지 창출 효과를 가져다주는 경우도 많아. 지난번에 도에 출장 갔다 온 거 알지?"

"네 부장님."

"사례공유를 위해 다녀온 것인데, 협력으로 한 것이지만 중요한 역할을 하게 됐고, 사례회의에도 참석한 거지. 평소에 열린 마음으로 협력해 왔기 때문에 그런 기회가 오는 거야."

"……."

"누구라도 사무실에 오면 친절하게 대하는 것이 중요해. 누가 큰 협력을 끌어낼지 모르는 일이거든. 사람이 사람을 연결하기 때문에 더욱 중요한 거지. 사무실에 누가와도 바쁜 척 코 박고 있는 것은 네트워크의 기본을 모르는 거야. 세상 모든 일은 결국 사람에게서 구하는 거지. 직장 안이나 밖에서 자신을 도우려는 사람이 많다는 것이 능력을 발휘하는 초석인데도 그걸 모르면 도태되는 건 당연한 거야. 그런 걸 아는 게 융합형 인재야."

"부장님, 우리와 연계하기로 했던 기관이 못하겠다고 합니다."

"오팀장 이유가 뭐라고 생각하나?"

"딱히 이유를 말하지 않지만 다른 쪽과 연계하려는 것 같습니다."

"우리보다 그 쪽과의 교환가치가 높다는 것인가?"

"무슨 말씀이신지?"

"우리와의 연계보다 그 쪽이 더 가치가 있다는 판단을 했느냐는 거지."

"그렇게 보기는 객관적으로 이해가 되질 않습니다."

"그러면 인간관계인가?"

"……."

"오팀장과 관계가 잘 유지되는 입장이냐는 거지."

"제가 그 부분은 잘 챙기지 못한 것 같습니다."

"너무 낙심할 거 없네. 내가 얘길 하나 하지."

"네, 부장님"

"인내심의 달인이라 할 수 있는 '도쿠가와 이에야스'가 한 말인데 잘 새겨들어봐. '사람의 일생은 무거운 짐을 지고 먼 길을 가는 것과 같다. 서두르면 안 된다. 무슨 일이든 마음대로 되는 것이 없다는 것을 알면 굳이 불만을 가질 이유가 없다. 마음에 욕망이 생기거든 곤궁할 때를 생각하라. 인내는 무사장구의 근본, 분노는 적이라 생각하라. 승리만 알고 패배를 모르면 해가 자기 몸에 미친다. 자신을 탓하되 남을 나무라면 안 된다. 미치지 못하는 것은 지나친 것보다 나은 것이다.'라고 했네. 이런 생각을 하게 된 '도쿠가와 이에야스'란 인물에 대해서는 오팀장이 따로 알아보면 될 것이네"

"……."

"일이 잘될 때도 있고, 안 될 때도 있지. 참고 기다리는 법도 중요해. 대신 상대를 탓하기보다 우리 쪽의 문제점을 생각해 개선해 보고 때를 기다려 봐. 모든 것을 내가 해야 한다. 모든 일이 내 뜻대로 되어야 한다는 것은 지나친 욕심이야. 용기를 내라고."

"네, 부장님. 관계개선을 위해 노력하겠습니다."

"자신의 분야에만 쏠리지 말고, 유사분야에도 관심을 가지는 것이 중요해. 그쪽 분야의 인적네트워크에 가입해서 활동하면 자연히 관계개선의 기회가 있을 거야. 인간관계 같은 무형적 가치가 유형적 가치를 지배할 수 있으니까."

"고선생 차 고마워, 그런데 대학원 진학하려고?"

"네, 내년에 대학원에 진학하려는데 전공 선택을 의논드리고 싶습니다."

"음, 학부와 같은 전공을 할 수도 있고 심화전공이나 유사전공을 할 수도 있지. 고선생 생각은?"

"부장님 뵙기 전에는 학부전공과 같은 전공만 생각했었는데 좀 고민이 됩니다."

"물론 동일전공을 하는 것도 좋은 방법이긴 한데, 좀 길게 본다면 심화전공을 권하고 싶네. 선택의 폭이 넓어지는 것이 유리하다고 생각해. 상담에 관심 있다고 했었지?"

"네. 일전에 말씀드린 것처럼 상담학을 생각하고 있습니다."

"좋은 생각인데, 상담사는 만족도가 가장 높은 직업이기도 하고, 나이를 먹을수록 연륜이 쌓이는 직업이기도 하지. 나도 상담 공부하느라고 1년 동안 토요일을 투자했지만, 대학원에서 전공하면 더 좋을 거야. 대학원은 내년이니까 그동안 학점은행제로 유사자격증을 따는 것도 가능해. 그러면 벌써 몇 가지 분야의 전문성 기초를 다지게 되는 거니까"

"네, 부장님 감사합니다."

"부장님. 드릴 말씀이 있습니다."

"뭔데?"

"관내 대학에서 프로그램을 개발하는 데 도움을 요청해왔습니다."

"어떤 프로그램인데?"

"주말에 대학의 학과체험을 하는데 학생모집을 우리 쪽에서 해줄 수 있는지를 물었습니다."

"고선생 생각은?"

"연계 자체는 좋은데 모집역할만 하는 게 좀 그래서요."

"……."

"대학에서는 중·고등학교와의 연계경험이 없어서 좀 어려워하는 것 같습니다. 모집과 관리를 저희가 주도적으로 하는 범위에서 역할분담이 필요해 보입니다."

"우리가 얻는 가치는?"

"향 후 대학과의 연계협력의 계기가 될 수 있다고 생각합니다."

"그렇지? 매사에는 당장은 보이지 않는 면이 있는 거야."

"그 대학과는 이미 연계협력을 많이 했어. 잘 될 수 있도록 협조해줘."

"네. 부장님."

"보이지 않는 것을 볼 수 있어야 해. 이번 협조로 고선생도 대학 쪽과의 파트너십이 만들어지는 거니까."

"알겠습니다. 부장님."

"매사에 능한 융합형 인재는 자원연결에 달인이 되어야 해. 코앞의 일거리에 끌려다니는 사람에게는 어려운 일이지."

"네. 노력하겠습니다."

9장

변화함으로써
살아남아라

'저 사람 변했어!' 좋은 의미든 나쁜 의미든 평소에 이런 평을 받기란 쉽지 않다. 그만큼 변화 자체가 어렵기 때문이다. 관성대로 살아가는 안이함을 벗어난다는 것은 커다란 동기와 맞닿지 않는 한 실제로 일어나지 않는다. 커다란 동기에 내몰리는 것을 불편해하기 때문이다. 정부장은 12년 전에 자신이 변화하지 않았다면 분명 현재의 삶은 아니라고 생각한다. 독서를 하다가 불현듯 이대로는 아니다 라는 판단을 한 것이다.

"고선생 어김없이 일찍 오는군."
"네 부장님, 두 달 정도 했더니 이젠 익숙해졌어요."
"익숙해졌다는 것은 습관이 됐다는 거네. 그 얘긴 전에 익숙했던 것을 버렸다는 얘기이기도 하고."
"……"
"음 전에는 아침에 미적미적하다가 출근했을 테지."
"아! 네, 그랬던 것 같아요. 괜스레 미적거렸던 것 같습니다."
"왜 그랬을까?"
"딱히 동기가 없었던 것 같습니다. 일찍 나가서 뭔가를 해야만 한다는 동기요."
"그 말은 이제는 동기를 받았다는 뜻이지."
"네 부장님, 그런 것 같습니다. 일단 부장님 따라 하기입니다."
"허 그래. 요즘은 무슨 책을 읽나?"
"구본형님의 '익숙한 것과의 결별'입니다."
"하 그래! 적절한 시기에 적절한 책이군."
"변화는 곧 '익숙한 것과의 결별'이니까. 오늘도 강의에 같이 가는 거지?"

"네 부장님."

"오팀장 먼저 얘기한 네트워크에 가입했나?"

"아직 못했습니다."

"왜?"

"……."

"그 미루는 습관을 아직도 가지고 있나?"

"죄송합니다."

"나에게 죄송할 건 없지만, 속도가 역량임을 알아야 하네. 미루어서 얻는 건 없지만 잃는 건 많아. 우선 나에게 좋지 않은 인상을 심어주잖아. 네트워크를 통해 얻을 수 있는 여러 장점도 유보되는 거지. 그게 곧 업무성과에도 영향을 미치고. 결국은 오팀장의 능력에 결정적인 영향을 주잖아."

"……."

"미루는 습관은 가장 빨리 버려야 하네. 분과장이 누구인지는 알고 있지? 지금 즉시 연락해서 가입하겠다고 하게"

"네, 알겠습니다."

"변화하게, 변화하는 자만이 살아남는다고."

"네 부장님……."

"지난 한 주 동안 잘 지내셨나요?"

"아니요. 시험 보느라 고생했습니다."

"잘하셨네요. 또 하나의 관문을 통과하신 거니까요."

"그럼 오늘은 짤막 특강을 쉴까요?"

"아니요. 시험 끝났으니 괜찮습니다. 교수님."

"진화론자 찰스 다윈은 '살아남는 자는 강한 종도 우수한 종도 아니다. 변화하는 종만이 살아남는다.'고 했습니다. 어떻게 생각하십니까?"

"그래야 한다는 건 알지만, 잘 안되는 게 변화인 것 같습니다."

"왜 그럴까요?"

"……."

"변화해야 한다는 강한 동기가 없기 때문입니다. 세상은 빠르게 변하고 있는데 그냥 익숙한 대로 산다는 것은 퇴보를 의미합니다. 과거형 인간으로 살아간다는 뜻이지요. 여러분들께서 이 자리에 있다는 것은 변화를 시도하는 것입니다. 평생 학습해야 하는 시대의 변화에 대응하시는 거죠. 직장만 해도 그렇습니다. 빠르게 변화하는 경제 질서에 적응해야 하는 경영환경에서 정년보장을 기대할 수 없게 되었습니다. 삼성의 이건희 회장님은 21년 전인 1993년에 '마누라 자식만 빼고 다 바꿔라'고 선언하였고, 세계 최고의 기업이 되었습니다. 최근에는 초음속인 '마하경영'을 선언하였습니다. 또 다른 변화를 선언한 것입니다."

"그런데 변화는 누구로부터 시작할까요? 영국의 '웨스트민스터 대성당'에 성공회 대주교의 묘비명에는 이런 글이 있답니다. 화면을 보면서 같이 읽어볼까요."

내가 젊어서 자유로이 끝없는 상상의 나래를 폈을 때,
나는 세상을 변화시키겠다는 꿈을 가졌었다.

그러나 좀 더 나이가 들어 지혜를 얻었을 때,
나는 세상이 좀체 변하지 않으리라는 것을 알았다.

그래서 내 시야를 약간 좁혀 내가 살고 있는 나라를
변화시키겠다고 결심했다.

그러나 그것 역시 가능하지 않다는 것을 알았다.
나는 마지막 시도로 나와 가장 가까운 내 가족을
변화시키겠다고 마음먹었다.

아, 그러나 아무것도 달라지지 않았다.
이제 죽음을 맞기 위해 자리에 누워서야 나는 문득 깨달았다.

만약 내가 나 자신을 먼저 변화시켰더라면 그것을 보고
가족이 변화되었을 것을, 또한 그것에 용기를 내어 내 나라를
더 좋은 곳으로 바꿀 수도 있었을 것을
그리고 누가 아는가. 세상까지도 변화되었을는지

　변화의 주체는 나 자신입니다. 묘비명에서 알 수 있듯이 남을 변화시킨다는 것은 대단히 어려운 일입니다. '적은 내 안에 있다'고 했습니다. 1년 동안 천 권의 책을 읽은 27세의 '남강'이라는 청년이 쓴 책의 제목입니다.”

"보도에 의하면 사법연수생 취업률이 3년째 50%를 밑도는 시대가 왔습니다. 일본은 치과가 편의점보다 많아 연봉 3천만 원 이하 수준이랍니다. 자신의 변화를 위해서는 세상 읽기가 중요합니다. '유엔 미래보고서 2030'에서는 세계 3천명의 학자들이 2030년에 일어날 여러 가지 변화를 제시하고 있습니다. 지금 40대면 60대, 현재 자식이 초등학생이면 중·고·대학을 나와 군대 제대하고 사회에 진출하는 시기입니다. 부모로서 미래예측에 관한 책 한 권 안 읽어보고, 현재 성적에만 급급하다면 진정으로 자식을 위한다 할 수 있을까요? 우선 자신의 변화를 위해서라도 읽어봐야 합니다. 만원 남짓 내고 하루를 투자할 가치가 충분히 있습니다."

"제 주변에도 정말 열심히 배우고 노력하는 사람들이 많습니다. 변화를 꾀하는 것이지요. 그러나 변화도 전략이 있어야 합니다. 변화가 성과로 나타나려면 제대로 설정된 목적과 목표, 비용이나 시간대비 효율성, 자신의 능력과 한계 등을 감안하는 전략적 변화가 필요한 것입니다. 변화하려고 많은 에너지나 비용을 투입하지만 전략적이지 못하면 에너지와 비용의 소진으로 지칠 수 있습니다. 그런데 전략이라는 것이 누구에게나 같을 수는 없습니다. 자신에게 맞는 전략일 뿐입니다. 여러분들이 이곳에서 같은 과목을 수강하지만, 변화전략은 다 다를 수밖에 없습니다. 누군가에게 코치를 받을 수 있지만 길은 스스로 찾아야 합니다. 제가 드리는 말씀들이 이러한 전략을 찾아내는 방법이라고 할 수 있습니다."

"여러분들은 비슷한 나이와 경력인 주변 사람들과 다르게 변화

를 시도하고 있습니다. 주 4일은 야간에 이곳에서 강의를 듣습니다. 이 시간이 즐거우십니까? 사회활동이 가장 활발한 나이에 온갖 유혹을 이겨내고 이 자리에 나온다는 것이 쉬운 일은 아닙니다. 교수법이 진부한 교수의 강의도 견뎌야 하고, 과제에다 시험까지 즐겁지 않으실 것입니다. 세상에 고통 없는 성과 없습니다. 여러분들께서는 분명 달라진 인생을 사실 것입니다. 중요한 것은 변화의 과정에 끝이 없다는 점입니다. 이젠 좀 쉬어야지 하면 늙어갑니다. 99세까지 88하게 사시려면 현재 나이의 70% 나이로 살아야 한답니다. 현재 60세면 42세처럼 살라는 것입니다. 42세면 한창나이 아닙니까? 세계 유명인들이 애송한다는 '사무엘 울만'의 '청춘'이라는 시를 같이 낭송하면서 오늘 짤막 특강을 마치겠습니다."

청춘

청춘이란 인생이 어떤 기간이 아니라 마음가짐을 말한다.
장미의 용모, 붉은 입술, 나긋나긋한 손발이 아니라
씩씩한 의지, 풍부한 상상력 불타는 정열을 가리킨다.
청춘이란 인생의 깊은 샘의 청신함을 말한다.
청춘이란 두려움을 물리치는 용기,
안이함을 선호하는 마음을 뿌리치는 모험심을 의미한다.
때로는 20세 청년보다 80세 인간에게 청춘이 있다.
나이를 더해 가는 것만으로 사람은 늙지 않는다.
이상을 잃어버릴 때 비로소 늙는다.
세월은 피부에 주름살을 늘려가지만
열정을 잃으면 마음이 시든다.

고뇌, 공포, 절망에 의해서 기력은 땅을 기고 정신은 먼지가 된다.
70세든 16세든 인간의 가슴에는 경이에 이끌리는 마음,
어린애와 같은 미지에 대한 탐구심,
인생에 대한 흥미와 환희가 있다.
그대에게도 나에게도 마음의 눈에 보이지 않는 우체국이 있다.
인간과 하느님으로부터 아름다움, 희망, 기쁨,
힘의 영감을 받는 한, 그대는 젊다.
영감이 끊기고, 정신이 아이러니의 눈에 덮이고,
비탄의 얼음에 갇혀질 때, 20세라도 인간은 늙는다.
머리를 높이 치켜들고, 희망의 물결을 붙잡는 한,
80세라도 인간은 청춘으로 남는다.

"부장님 '청춘'이란 시 멋지네요. 학생들이 낭송하는데 감동이 밀려왔어요."

"고선생 마음에 든다니 다행이야."

"부장님, 끊임없이 변화하려면 어떤 마음가짐이 필요할까요?"

"음 내 경우는 확대 불균형전략이 필요하다고 생각해."

"확대 불균형전략이요?"

"조직이나 개인도 마찬가지겠지만, 내 능력이 100이라면 120이나 130으로 확대하는 거지. 능력 100에 일도 100이면 안주하기에 십상이야. 딱 맞는 만큼만 하니까. 뒤집으면 무한한 잠재능력을 편리한 만큼만 사용한다는 거지. 무한한 능력을 사용하여 변화한 사람들이 세상을 바꾸는 거야."

"네."

"고선생처럼 아침마다 독서를 하는 사람이나 안 하는 사람이나 당장은 차이가 없어 보여. 장담하건대 3개월만 지나면 차이가 보이지. 생각이 달라지고 행동이 달라지면 자연히 결과도 달라지지. 누가 그걸 모르느냐. 다 알지. 이런저런 핑계로 시작하지 않을 뿐이야. 그렇게 5년 지나면 따라잡기 어려운 결과가 나와."

"안녕하세요. 부장님!"
"어! 오팀장 무슨 일 있어?"
"아니요. 저도 일찍 나와 보려고요."
"그래! 반갑군."
"그럼 고선생이랑 셋이 차나 한잔 어때?"
"네. 제가 준비하겠습니다."
"고마워."

"오팀장님 일찍 만나니까 좋은데요."
"고선생. 나도 그래. 집에서 책을 보려 했는데 영 쉽지가 않아서."
"쉽지 않을 거야. 사람이 환경의 지배를 받지."
"네. 그런 것 같습니다. 부장님."
"집에 서재가 있으면 모를까 쉬운 일은 아니야."
"오늘부터는 셋이네요."
"변화를 시작했으니 잘해보자고. 티타임 끝"

10장

내 안에 기적을
만들어 내라

상식을 벗어나 일어나기 어려운 일이 일어나는 걸 기적이라고 한다. 가끔은 미친 사람들이 만들어내는 기적을 본다. 기적은 그냥 일어나지 않는다. 미쳐야 일어난다. 세상에 없었던 감동을 만들어내는 것이다. 세상에 드러낼 만한 기적들은 드러난다. 정부장이 주목하는 것은 개인사에 일어나는 작은 기적들이다. 다 알면서도 안 하는 것을 해내는 것을 기적이라고 부르고 싶은 것이다. 열 명에게 권해도 한두 명만이 해낸다. 그 한두 명을 기적이라고 부르고 싶다. 10%에서 20%는 자유롭게 산다. 기본적으로 먹고사는 문제는 해결되고, 남들이 찾는 사람이 된다는 것은 개인사에 있어 기적이나 다름없다.

"가까이 있으면서도 서로 바쁘니 자주 못 보네."
"네, 부장님 자주 뵈어야 하는 데 애 키우랴 수업준비 하랴 일주일이 정신없네요."
"그래 출강 소감이 어떤가?"
"같은 젊은 학부생들인데도 반에 따라 다르네요."
"산업체 반은?"
"그분들은 나이가 있으셔서요. 첫 수업시간에 오리엔테이션을 하는데 제가 너무 젊어서 좀 당황스러우셨던 거 같아요."
"누구나 첫 경험은 혼란이 있는 거지. 그걸 극복하고 훌륭한 교수자가 되어야 하네."
"네, 가르친다는 것이 저를 더욱 공부하게 만들고 있습니다."
"그럼, 남을 가르친다는 것만큼 자기공부가 되는 것은 없지. 대학원에서 전공했기 때문에 교수법만 잘 연구하면 문제가 없을 거야."

"네."

"애는 잘 크지?"

"네. 너무 잘 크고 있습니다."

"애 키우고, 강의하고, 살림하고 힘들 거야. 곧 복직도 해야지?"

"네, 두 달 후면 복직입니다."

"기적이다."

"네? 부장님!"

"6년 전 처음 만났을 때가 엊그제 같은데 대학에서 강의하다니 기적이 아니고 뭐야."

"그러게요. 열심히 한다고는 했지만 이렇게 빨리 강단에 설 줄은 몰랐습니다."

"준비된 자에게 기회가 온다잖아. 기회는 또 기회를 낳는 거고. 그동안 열심히 준비한 덕분이지. 내 그리될 줄 알았어."

"감사합니다. 부장님."

"죄송합니다. 부장님, 일 처리 때문에 좀 늦었습니다."

"아니 괜찮아. 고선생, 먼저 소개해 주겠다던 윤선생님이야. 인사 해."

"네, 안녕하세요. 고은아라고 합니다. 부장님께 말씀 많이 들었습니다."

"네 윤미주라고 합니다. 부장님께서 저 닮은 직원이라고 하시던데, 저보다 훨씬 예쁘시네요."

"네? 아이고 무슨, 잘 부탁드리겠습니다."

"그래요. 따로 한 번 만나요."

"네, 감사합니다."

"그래, 내가 있으면 불편할 테니 자세한 얘긴 따로 만나서 하고 저녁 식사 주문하지."

"오늘은 기적에 대해 말씀드리고 싶습니다. 왜냐하면, 여러분들은 기적을 만드시는 분들이기 때문입니다. '기적을 만드는 사람들' 어떻게 생각하세요?"

"글쎄요. 교수님 기적은 일어날 수 없는 건데. 저희는 하고 있잖아요."

"누구에게나 일어나는 일인가요?"

"그건 아니지만 좀 과대평가 되는 기분이 듭니다."

"지금은 과대평가라고 할 수 있습니다. 그러나 여러분들은 누구나 하는 공부를 하시는 건 아닙니다. 그러나 이미 시작하셨기 때문에 지속하신다면 개인적인 기적을 만드실 수 있습니다. 지금 몇이시죠?"

"마흔입니다."

"십 년 후면 오십이시네요. 이대로 지속하신다면 10년 후 기적 같다고 느끼실 것입니다. 앞서 말씀드린 10년의 법칙, 1만 시간의 법칙을 실행하신 다면요. '기적의 사과'라는 책이 있습니다. 맛있는 사과도 아니고 기적의 사과입니다. 일본 농촌의 한 총각이 사과농장의 딸과 결혼했습니다. 사과 농장의 부부가 된 것이죠. 문제는 아내에게 농약 알레르기 있었습니다. 농부는 아내를 위해 결심합니다. 농약 없이 사과를 수확하겠다는 결심이었습니다. 온갖 약초를 농약대용으로 실험하고, 벌레를 수도 없이 잡았지만, 효과가 없었습니다. 주변의 모든 사과농장에서는 자기들 농장에 피해를 줄까 봐 설득도 하고 협박도 하였지만 막무가내였습니다. 모아두었던 돈이 소진되어 도시에서 품팔이도 하였습니다."

"절망 끝에 자살하려고 오른 산에서 싱싱한 사과나무를 발견하였습니다. 아무것도 하지 않는 자연 속에서 발견한 싱싱한 사과나무를 보고 자연환경 그대로 농장의 사과나무를 방치하였습니다. 그리고는 사과나무에 말을 걸었습니다. 아주 간절하게요. 그렇게 10년을 버틴 끝에 사과 꽃이 피기 시작하였습니다. 11년 만에 못생긴 그러나 지금껏 먹던 사과와는 비교할 수 없을 정도로 맛있는 사과를 수확했습니다. 짐작하다시피 미리 예약해도 맛보기 힘든 사과를 수확하고 있습니다. 다른 농장과 경계선에 있던 사과나무는 죽었습니다. 다른 농장에서 보고 흉볼까 봐 말을 걸지 못했던 나무들입니다. 기적이 일어난 거죠."

"보통 사과나무는 뿌리가 2미터 남짓이라고 합니다. 그런데 기적의 사과나무들은 스스로 생존하기 위해 뿌리를 훨씬 더 깊이 내린 것입니다. 그 기간이 십 년입니다. 자연재배로 수확된 과일이나 야채는 썩지 않고 발효가 된답니다. 기적의 사과가 유명해진 것은 다른 사과들은 썩었는데 6개월이 지나도 썩지 않은 걸 발견해서 세상에 알려진 것입니다. 중간에 포기했다면 기적의 사과는 없었을 것입니다. 제가 이 사례에서 주목하는 것은 사과나무에게 간절한 염원으로 말을 걸었다는 것입니다. 얼마 전 TV에서 막 지은 밥을 병에 넣고 좋은 말과 나쁜 말을 한 달간 지속하는 실험을 방송하였습니다. 좋은 말을 해준 밥에서는 구수한 누룩곰팡이 냄새가 났고, 나쁜 말을 해준 밥은 썩어버린 것입니다.”

“생명이 없는 밥도 그런데 사람에게 좋은 말 해야겠다는 생각이 드시죠? 이런 말의 힘은 여러 가지 실험에서도 증명되었습니다. 이 세상에서 가장 소중한 나 자신에게 기적이 일어난다고 믿고 ‘난 기적을 만들어 낼 거야.’라고 스스로 염원하신다면 기적은 일어납니다. 기적의 기준은 자신에게 있습니다. 각자가 원하는 목표를 이루면 기적이 아닐까요. 왜냐하면, 그렇지 못한 사람들이 훨씬 더 많으니까요. 저는 여러분들이 ‘기적을 만드는 사람들’이라는 것을 믿습니다.”

“김병완님의 ‘48분 기적의 독서법’이라는 책이 있습니다. 좋은 직장을 그만두고 하루 열권씩 1년에 3천 권의 책을 읽었다고 합니다. 3년만 천 권의 책에 미치라고 주문합니다. 독서로서 성공한 사람들을 소개하고, 독서법을 알려줍니다. 저는 기적의 독서법이라는 데 동의합니다. 기적의 습관처럼 기적의 독서를 믿고 있습니다. 독서법이나 습관에 관한 책들을 보시면 여러분들의 기적 만들기에 많은 도움이 될 것입니다. 기적을 만들어낸 사람들을 만나십시오. 책이나 다큐멘터리를 통해 기적을 간접경험 하시면 기적을 향한 열정이 체화될 것입니다.”

“오늘까지 제 이야기를 경청해주셔서 감사합니다. 제가 10여 년을 지속해온 저 나름으로 기적을 풀어내려 하였습니다. 자기계발에 대한 동기를 드리려고 하였습니다. 자기계발에 관한 책 한두 권 읽는다고 자기계발이 되는 것은 아닙니다. 이런 강의 한두 번 듣는 다고 자기계발이 되는 것도 아닙니다. 지속적으로 습관화해야 합니 다. 제가 말씀드린 10가지를 감안해서 각자의 방법을 찾아내야 합 니다. 발품을 많이 팔아야 합니다. 교육연수에 기회가 있다면 참여 해야 지속적인 동기부여가 가능합니다. 이상으로 짤막 특강을 모두 마치겠습니다."

"혹시 질문이 있으신가요?"

"교수님, 그동안 자기계발 하면서 가장 어려웠던 점이 무엇인지 요?"

"초기에 습관을 들이는 것이 아닌가 합니다. 매일 아침 일찍 일어 나 나 홀로 시간을 가진다는 것이었습니다. 한 달이 지나고 나서부 터는 괜찮아졌습니다."

"열 가지 중에 가장 중요한 한 가지가 있을까요?"

"제 생각은 많은 것 중에 열 가지로 압축하였습니다만 반드시 해 야만 하는 것은 독서입니다. 그래야 지속적인 노력이 가능합니다. 독서를 통해 만나는 많은 멘토들이 동기를 유발해줄 것입니다."

"지금까지의 말씀을 적는다고 했습니다만 내용도 올려주시면 안 될까요?"

"네, 그렇게 하겠습니다. 여러분 아침 시간의 기적을 믿으십시오. 아침은 생산적이지만 저녁 시간은 소비적일 가능성이 많습니다. 누 구에게나 맞지 않을지 몰라도 대개 성공한 사람들은 아침형 또는 새벽형이 많습니다."

"오늘 말씀하신 '기적'은 자기최면인 거 같아요."

"호, 고선생 내공이 쌓여가는군. 자기에게 보내는 최상의 믿음을 내면화하려는 거지. 자신에게 일어나는 기적을 생각하며 산다는 것은 강력한 동기가 되겠지."

"부장님 저에게도 책 목록과 강의 자료를 주시면 감사하겠습니다."

"물론이지. 내일 줄게."

"학생들의 반응이 좋았던 거 같아요."

"음, 문자로 반응이 와. 자신을 되돌아보는 기회였다. 더욱 노력하겠다. 길게 보는 인생관을 가지게 되었다. 또, 자신만의 문제나 진로에 대해서도 긴 문자를 보내오기도 해."

"아쉽지만 부장님 강의를 듣는 것이 끝났네요."

"내가 고선생과 함께한 것은 5년만 노력하면 강단에 설 기회가 올 수 있다는 것을 알려주고 싶었던 거야."

"열심히 해보겠습니다."

"그래, 평가준비는 잘 돼 가나?"

"네, 지표에 대한 이해는 되었습니다. 자료를 구조화하는 중입니다."

"다 왔군. 내일 봐."

"내일 뵙겠습니다."

"학점은행제 등록하셨나요?"

"네 등록했습니다."

"잘하셨네요. 두 분 선생님의 아이들은 잘 크죠?"

"글쎄요! 맨날 컴퓨터만 해요."

"약속하시나요? 시간을 정해서 하도록 하는 거요."

"그러기는 하죠. 약속을 잘 안 지키는 게 문제죠."

"그 나이에 약속 잘 지키기는 어렵지요. 뭔가 컴퓨터 게임보다 흥미를 끌 만한 것을 체험토록 해보는 걸 어떨까요?"

"우리 애는요. 연기를 하겠다고 합니다. 친구들과 이것저것 알아보더니 일본여행을 다녀온 다네요."

"음, 바람직한 현상입니다. 선생님 딸은 잘하지요?

"걔는 워낙 알아서 잘해요. 본인이 신청해서 영국 국제청소년캠프도 다녀오고요. 친구랑 둘이 일본여행도 다녀왔습니다. 변리사가 꿈이랍니다."

"자식이라도 다 다릅니다. 암튼 컴퓨터게임보다 더 흥미를 가질 만한 기회가 만들어졌으면 좋겠네요."

"네, 부장님."

"어서 오세요. 방학인데 단체로 저를 다 찾아주시고."

"교수님, 좀 더 일찍 찾아뵈려고 했는데 늦었습니다."

"벌써 방학도 다 끝났네요. 잘들 지내셨죠?"

"네, 교수님. 드릴 말씀이 있어서요."

"네, 말씀하세요."

"이번 학기 수강신청을 하다 보니 교수님 과목이 있어서요."

"아 네, 이번 학기도 강의가 있습니다."

"그래서 저희 학과임원들이 협의하였는데요. 이 번 학기에도 교수님 짤막 특강을 부탁할 수 있을까 해서요. 교수님 강의를 듣고 학생들이 많은 것을 느꼈다고 합니다."

"아 그래요. 그럼 미리 준비해야겠네요. 그런데 과목수업은 어떠셨어요?"

"교수님 과목수업 정말 유익했습니다. 항상 철저히 준비해오시고, 열강하시니까요."

"그런 말 들으려고 물어본 것입니다."

"호호호……"

"제가 준비해서 강의하도록 하겠습니다."

"감사합니다. 교수님. 퇴근 시간인데 식사라도……."

"여기까지 오셨는데 제가 대접하겠습니다."

"좀 허름하긴 해도 음식은 맛있습니다."

"저희 셋은 편입하려고 합니다. 교수님."

"그러시군요. 어떤 전공을 하시려고요?"

"그게 같은 학과로 해야 할지 해서요."

"졸업하면 자격증은 나오지요."

"네. 그렇습니다."

"그러면 이왕이면 다른 자격증을 받으시는 방법도 고려해보세요."

"네. 고민해보겠습니다."

"저는 방학 동안 20권을 읽었습니다."

"오! 많이 보셨네요."

"일단 책 읽는 습관으로 변화되고 싶습니다. 아들 녀석이 고등학생인데 '우리 엄마 변했네.' 하고 놀립니다."

"살아남으시겠네요."

"네? 아 네. '변화하는 자만이 살아남는다.' 하셨죠."

11장

가치를 읽어내고
창출하라

가치價值, value는 어떤 사물·현상·행위 등이 인간에게 의미 있고 바람직한 것임을 나타내는 개념이다. 모든 일에는 가치가 소중하다. 가치를 발견하고 이끌어내는 것이 필요하다. 그런데 의외로 가치의 개념을 충분히 이해하고 일하는 사람들이 많지 않다. 관성처럼 하는 일에서 중요한 가치를 발견해 내는 내공이 필요하다. 직접 주재하지 않고 간접적으로 참여하는 일에는 대충 참여하려는 경향이 있다. 그러나 가치 중심적 사고를 가지게 되면 그 일에서 위치는 별로 중요하지 않다. 위치를 따지는 것은 이기적 사고지만 가치를 생각하는 것은 이타적 사고다. 그 일로부터 얻어지는 가치가 중요하기 때문이다.

"부장님 그건 우리가 중심 되는 일이 아닌 것 같은데요."

"중심? 그럼 우리가 중심이 되는 일만 중요하다는 건가?"

"그건 아니지만, 힘든 건 우리가 하고. 생색은 저쪽에 있는 거 같아서요."

"이번 일을 통해 혜택을 보는 것이 누구지?"

"당연히 청소년들이라고 생각합니다."

"그렇지? 그럼 누가 생색이라는 말인가?"

"서로 잘할 수 있는 일을 하는 게 중요하지. 우리가 존재하는 이유가 뭔가? 오히려 우리가 해야 하지만 우리보다 큰 역량을 가진 쪽에서 해주면 고마운 거 아닌가?"

"400명 가까운 인원에게 수십 차례 전화한다는 게 쉽지 않아 보여서요."

"당연히 쉽지 않지. 그러나 저쪽은 더 어렵지 않을까?"

"……"

"세상에 쉬운 일만 있는 거 아니잖아. 해봐, 분명 가치 있는 일이
될 거야. 혼자 하려 하지 말고 동료들의 도움을 받아. 실습선생님들
의 도움도 받고. 청소년들을 위해 직업소개시간을 할애해주신 분
들인데, 전화통화가 매우 중요해."

"네, 알겠습니다……"

"고선생 평가준비 잘 돼 가나?"

"네, 부장님. 워낙 챙길 서류가 많습니다만, 70% 정도 준비되었
습니다."

"그럼 오후 2시에 회의실에서 준비상황을 점검토록 하지?"

"네, 준비해놓겠습니다. 부장님."

"오케이 고마워."

"고선생 평가가 우리 기관에 어떤 의미인가?"

"아주 중요한 일이라고 생각합니다."

"왜 그렇지?"

"우리 기관의 성과를 공식적으로 인정받는 것이기 때문입니다."

"음 잘 알고 있군. 달리 말하면 우리 기관의 가치를 대외적으로
인정받는 거야. 우리 스스로 열심히 한다고 말해도 공식적인 평가
를 잘 못 받으면 인정이 안 되는 거지. 평가라는 것은 연구자들과
현장 실무자들이 많은 고민 끝에 만들어내는 지표야. 지표와 같이
운영하는 것이 바람직하다는 가이드라인을 제시하고 있는 것이지."

"네, 부장님."

"지난해 평가지표를 챙겨가면서 최선으로 운영하였으니 고선생이 잘 챙기면 좋은 결과가 나올 것이네. 이만하면 나머지를 잘 챙기기만 하면 될 거 같아. 아 그리고 옆에 붙이는 색인표 정교하게 만들고."

"네, 알겠습니다. 부장님. 그리고 자원봉사선생님들이 많이 도와주셨습니다."

"알고 있네. 준비가 마무리되면 저녁이라도 함께하지."

"방학 동안 잘들 지내셨지요?"

"교수님 뵙고 싶었습니다."

"네?……."

"우와 교수님 얼굴 빨개지셨다."

"……."

"교수님 강의시간이 그리웠습니다."

"음 감사합니다. 저도 여러분들을 만나고 싶었습니다. 특히 지난주에 학과임원들께서 저를 찾아주시고 짤막 특강을 요청하셨습니다. 덕분에 강의준비 하느라 공부도 좀 했고요."

"그런데 제 짤막 특강이 괜찮으신가요?"

"네, 교수님. 지루하지 않고, 쉽게 전달해주십니다. 그리고 우리들에게 중요하고도 꼭 필요한 말씀들이고요."

"감사합니다. 오늘은 가치에 대해 말씀드리겠습니다. 오늘 신문에 보니까 어떤 택시운전사가 대기업에서 운영하는 유명한 호텔 회전문을 들이받았다고 합니다. 급발진이라고 주장했지만, 경찰은 운전부주의로 결론 내렸고 4억 원을 배상해야 하는 상황이었습니다. 모두 아시다시피 택시운전사들의 임금이 열악하잖아요. 호텔 사장님께서 택시운전사의 상황을 알아보라고 지시하였습니다. 조사한 결과 반지하에서 성치 않으신 부인과 함께 거주하고, 변상키 어려울 것이라고 했습니다. 호텔 사장님은 보상을 면제 조치 해주었을 뿐만 아니라 치료비도 주었다고 합니다. 이 소식이 알려지자 네티즌들은 '멋지다', '좋은 일을 하셨습니다.', '노블리스 오블리주 실천이다.'며 좋은 반응을 나타냈습니다. 대기업에서 4억 감당은 쉽지만, 82세의 택시운전사에게 4억은 불가능한 액수지요. 제 생각엔 4억 손해 보고 400억 이상 호텔의 브랜드가치를 높였다고 생각합니다. 실시간 이슈 검색어에 1위에 올라갔으니까요."

"제가 겪은 사례를 말씀드리겠습니다. 제가 살고 있는 지역의 지자체와 교육청, 진로상담선생님들로 구성된 모임에서 지역의 직업인들에게 직업 재능기부신청을 받고 있었습니다. 애초에 제가 속한 기관은 염두에 없었습니다. 제게도 직업 재능기부를 신청하라고 했습니다. 생각해보니 실행단계에서 나타날 문제가 있었습니다. 400명에 가까운 직업인들과 연결을 누가 할 것인지가 분명하지 않았습니다. 그리고 그건 지자체도 교육청도 선생님들도 하기 어려운 상황입니다. 경험이 없었던 것이지요. 이미 유사한 프로그램을 운영해본 제게는 보이는 문제였습니다. 바쁜 직업인들이 26개의 학교와 일일이 조정해야 하는 것은 분명 귀찮고 어려운 일입니다. 그래서 우리 기관이 그 역할을 맡게 되었습니다. 우리 직원의 입장에서도 직업인들과 26회 차에 한 번씩만 통화한다 해도 1만 번쯤 통화해야 하는 상황입니다. 그렇지만 시범운영을 무사히 마쳤습니다."

"얼마 전 중앙정부 부처에 다녀왔습니다. 앞서 말씀드린 '직업 재능기부 프로그램사례공유'를 위해서입니다. 모두 네 개의 각기 다른 지역사례를 공유하였습니다. 사례가 공유된다는 것은 모범적이거나 확산할만하다는 것이겠지요. 누가 먼저 시작했는가, 주된 역할을 하는가. 여기에 집착했다면 이러한 결과가 나오기 어렵습니다. 이 일로 누구 혜택을 받는가. 누가 이 역할에 적합한가가 중요한 것입니다. 직원들 약간의 저항이 보이긴 했지만, 가치 있는 일을 한다는 것은 매우 중요한 것입니다. 재능기부 직업인들 모집을 범지자체 차원에서 한 것입니다. 우리 기관의 역량으로는 쉽지 않은 일입니다. 우리는 우리가 잘 할 수 있는 역할을 통해 가치 있는 일에 동참하였습니다. 가치를 보려고 하는 자세가 중요합니다. 가치는 모두에게 유익한 결론이 무엇인가를 생각하면 보입니다."

"제가 가진 핵심가치는 변화입니다. 앞서 '변화하는 자만이 살아남는다.'는 다윈의 주장을 인용한 바 있습니다. 제가 속한 기관이나 직원들이 하는 일은 결국은 사람들에게 변화를 주고자 하는 것입니다. 이 프로그램을 통해서 어떤 변화를 유도할 것인가 하는 것입니다. 변화를 끌어내지 못한다면 시간과 예산의 낭비입니다. 변화에는 측정 가능한 것과 측정이 쉽지 않은 것도 있습니다. 그럼에도 측정이 가능한 계량적 요소들을 찾아내고 확인합니다. 그래서 저는 스스로 부단히 변화하려고 노력합니다. 스스로 변화를 체화하지 않으면서 타인을 변화시키고자 하는 것은 본질을 모르는 것이라고 생각합니다. 직원의 절반 이상이 학생이라고 말씀드렸지요? 변화하려는 노력입니다. 여러분들 각자의 핵심가치는 무엇인가요?"

"실습 선생님이 드릴 말씀이 있답니다."

"아 그래요. 들어오세요."

"제 남편이 군인인데요. 상관이신 대대장님께 '청소년을 위한 전문직 이야기'에 직업군인을 소개하는 글을 쓰시겠다고 합니다."

"와 대박인데요. 그런데 어떻게 아시고?"

"제가 책을 남편에게 보여주었더니 대대장님께 말씀드린 모양입니다. 그리고 군인직업체험도 도와주실 수 있답니다."

"감사합니다. 남자 청소년들 직업선호도 9위가 군인이거든요."

"네, 선호도가 높다고 들었습니다."

"지난해에는 애를 많이 먹었습니다. 누구도 시도해보지 않은 일이라 사례도 없고, 더군다나 글을 쓴다는 것이 쉬운 일은 아니라서요. 막상 책이 나오니까 벌써 동참하시겠다는 분들이 여러분 계시네요."

"아이들을 위해서 필요하다고 생각합니다. 막연한 동경으로 자기 직업을 생각하는데, 그 책에서는 실제 직업인들의 이야기를 통해 직업을 소개하기 때문에 쉽게 이해할 수 있는 것 같습니다."

"청소년들의 직업체험이 다양해지고 있지만, 아직도 많은 한계가 있습니다. 제가 청소년진로에 주목하고 직업체험프로그램을 수년간 해오면서 이런 책이 많으면 좋겠다는 생각 끝에 진행하였습니다. 제가 생각해도 고생은 좀 했지만 가치 있는 일을 했구나 하고 자부합니다."

"저도 여기서 실습하기 전에는 이러한 노력들을 몰랐습니다. 실습기관을 잘 선택했다고 생각합니다."

"선생님의 관심이 청소년들에게 유익한 결과로 나오겠네요. 정말 감사합니다."

"고선생 잠시 와봐."

"네, 부장님"

"그러니까, 이 프로그램이 다문화가족들이 쓴 글을 책으로 낸다는 건가?"

"네. 그렇습니다"

"글이 그냥 써질까?"

"그래서 여행도 하고, 캠프도 진행합니다."

"유사 사례는?"

"찾아보았는데요. 다른 지역에서 아주 짧은 글을 쓴 책은 있습니다."

"글쓰기가 쉬운 일은 아니겠지만, 성과물로써는 괜찮을 거 같네."

"공모사업이라서 선정되어야 합니다."

"사업비 규모는?"

"약 2천만 원정도입니다."

"이 사업의 핵심가치는 무엇인가?"

"힐링과 치유라고 생각합니다. 글을 쓴다는 것이 자기성찰이고, 자기성찰은 치유효과가 있다고 생각합니다."

"다문화가족으로서 받은 상처들이 있다는 거지?"

"네, 그렇게 조사된 자료가 있습니다."

"그럼 그 내용도 필요성에 포함시키게."

"네, 부장님."

"이왕 내는 바에 꼭 선정되도록 정교하게 다듬고."

"네, 다음 주쯤 최종적으로 검토해주시면 감사하겠습니다."
"알겠네."

"부장님 먼저 말씀드린 사업이 선정되었습니다."
"그래! 잘됐군. 사업비가 얼마라고 했지?"
"1억입니다."
"시범사업이라고 했지?"
"네. 맞습니다."
"시범사업은 본 사업을 위한 준비단계 사업인 만큼 잘해야 하네. 특히 아이들이 이동하는 프로그램이니 안전사고에 특별히 유의하고."
"네. 부장님."
"참 그리고 경로당에 찾아가는 프로그램은 어떤가?"
"반응이 매우 좋습니다. 처음에 어르신들을 만나는 게 어색했던 아이들이 많이 익숙해졌습니다. 어르신들도 아이들이 온다니까 간식도 준비해주시고 자주 와달라고 요청하셨습니다. 지난번에는 가야금병창 하는 학생이 함께 가서 공연을 했는데 엄청 좋아하셨습니다."
"그랬군."
"오케스트라 친구들도 봉사기회를 줘봐."
"네. 그렇지 않아도 신청한 학생이 있습니다."
"세대 간의 단절을 이어주는 가치 있는 봉사프로그램이야."
"네. 그렇게 생각합니다."

"오팀장. 심선생반 아이들 합창이 많이 좋아졌던데."

"네. 육 개월째인데 좋아진 것 같습니다."

"그럼 복지시설 봉사활동 어때?"

"어떤 시설이 좋을까요?

"음. 어르신 요양시설이 좋을 것 같은데. 우리 아이들 가던 곳 있잖아."

"자긍심을 가질 수 있는 기회가 될 것 같습니다."

"편지도 읽어드리면 좋겠네."

"네. 부장님."

"그리고 다른 반 아이들도 가능한 봉사가 무엇인지 검토하고."

"네."

12장

소통으로 인간관계를
개선하라

소통한다는 것은 막힘이 없다는 것이다. 가끔은 외계인을 만난 것처럼 소통이 어려운 사람을 만나지만, 실상은 일상에서도 소통이 쉬운 건 아니다. 소통이 잘되는 사람과는 관계도 좋다. 같은 사무실 안에서도 누구와는 소통이 무난하고 누구와는 소통이 잘 안 된다. 소통의 통로가 막힌 사람이 있는 것이다. 소통이 막힌 사람은 대부분 타인을 돕는데 인색하고 자기중심적이다. 자기 것은 열심히 챙기고 조금도 손해 보기를 싫어한다.

"좋은 아침!"
"네, 부장님 안녕하세요."
"차 한잔 할까?"
"네, 커피 드실 거죠?"
"고마워."
"요즘은 무슨 책을 보나?"
"네, 저는 '전쟁의 기술'을 보고 있는데 책이 좀 두껍습니다."
"멋진 책이지. 인생 자체를 전쟁이라는 틀로 보고, 평화도 전쟁의 한 형태라는 거지."
"네, 세상을 보는 시야를 넓혀주는 것 같아요. 작가가 대단한 것 같습니다."
"윤선생은 따로 만났어?"
"네, 윤선생님이 간 길을 저도 따라가려고 합니다."
"잘 생각했어."
"고선생은 나랑 소통이 잘 되는 거 같아?"
"……."

"나랑 잘 통하고 있냐고?"

"저보다는 부장님께서 판단하실 부분이라고 생각합니다."

"하하하 그런가."

"음, 잘 되고 있다고 생각하네. 소통은 일로써만 이루어지는 건 아니지. 여러 가지 요소가 복합적으로 작용하는 거지."

"네, 부장님."

"안녕하세요? 부장님. 고선생 안녕."

"어서 와 오팀장."

"제가 좀 늦었죠?"

"괜찮아. 매일매일 지속하는 게 제일 중요해."

"다녀왔습니다. 부장님."

"오팀장 수고했네. 그래 어땠어?"

"네트워크에 참여하기를 잘했다고 생각합니다. 우리와 유사한 분야의 사람들을 많이 만나고 서로의 고충을 공유할 수 있었습니다."

"그랬군. 그런 소통을 통해 서로 돕고 하는 거지."

"다음 회의는 우리 기관에서 하기로 했습니다."

"그래, 잘됐군. 우리 기관에서 한다면 회의장소나 다과 같은 소소한 것에도 많은 신경을 써야 하네. 그런 것이 오팀장의 역량으로 비춰지니까."

"네, 부장님. 그리고 부장님께서 잠시 인사말을 해주시면 좋겠습니다."

"그래, 그렇게 하지."

"네, 감사합니다."

"가족들과는 소통이 잘 되세요?"

"그게 잘 안 되는 것 같습니다. 남편은 회사 일로 바쁘고, 아이들은 공부하느라 정신없고, 별로 소통하는 것 같지 않습니다."

"보통의 가족들이 그렇지요."

"가족 간 대화단절의 주범이 컴퓨터나 스마트폰이지요. 그런데 요즘 '밴드'라는 프로그램으로 가족 간에 대화를 되살리기도 합니다. 하기로 들면 방법이 있을 것입니다. 오늘의 주제는 소통입니다. 이 시간을 마련한 것도 여러분들과의 소통을 위해서입니다. 단순한 지식만 전달하는 교수법은 퇴색한 지 오래되었습니다. 지식이 교수자의 전유물이 아닌 시대에 살고 있습니다. 앞서 말씀드린 것처럼 학습도 매우 다양한 방법으로 접근할 수 있습니다. 저는 여러분들을 만나기 전 어떻게 소통할지를 고민하였습니다. 단지 과목 교수자로서가 아닌, 여러분들과 무언가 공유하고 나눌 필요를 생각하였습니다. 이분들에게 무엇이 가장 절실하게 필요할까 하는 생각 끝에 '짤막 특강'을 준비하게 된 것입니다. 소통의 방법으로써 여러분들에게 필요한 것을 전해드리려고 한 것입니다. 그런데 저에게 체화된 이야기가 아니면 호소력이 없을 것 같아 저의 지난 12년을 전해드리는 것입니다."

"소통은 준비해야 합니다. 교환가치가 있는 사람이 되어야 합니다. 서로에게 시간을 투자할만한 콘텐츠가 있어야 한다는 것입니다. 한두 번 만나보면 소통이 준비된 사람인지 알 수 있습니다. 소통은 다르다는 것을 이해할 때 가능합니다. 나와 다른 남과의 소통에서 자기생각만을 고집하면 불통이 됩니다. 다름을 존중하고 받아들여야 합니다. 제 말씀을 듣는 여러분들 모두가 제 말씀에 동의하기는 어렵습니다. 가능한 그 폭이 넓어지도록 노력하는 것입니다. 소통은 소통하고자 하는 대상을 이해하는 데서 출발합니다."

"좀 극단적인 사례지만 불통의 직원이 있었습니다. 필요에 따라서 보통의 직원들과는 전혀 다른 분야의 사람을 채용하였습니다. 처음에는 잘 적응하는 듯하다 불통이 시작된 것입니다. 일이 잘될 리 없겠지요. 그저 본인이 맡은 일만 근근이 소화할 뿐입니다. 진취적으로 뭔가를 해낼 수 없는 것은 당연했습니다. 이 친구 특징을 보면 철저히 자기 손해는 안 봅니다. 자발적으로 남을 돕지 않습니다. 업무시간에 사적 전화를 수시로 합니다. 따로 시간 내서 대화도 해보고 했지만, 기초태도가 워낙 부족하니 방법이 없습니다. 결국은 그만 뒀지요."

"이런 사례도 있습니다. 본인 중심으로만 골라서 소통하는 것입니다. 한 사무실에도 이런 유형이 꼭 있습니다. 전체적으로 소통해야 하는데 본인 편한 사람하고만 소통하는 것은 좋은 방법이 아닙니다. 유유상종이라고 누구나 자기 생각과 비슷한 사람끼리 어울리는 것은 당연하지만 대놓고 그러는 것은 불필요한 적을 만드는 것입니다. 같은 배를 탄 이상 함께 목적지를 향해가도록 노력해야 합니다. 소통은 자기중심이 아닙니다. 조직의 목적과 목표중심이어야 합니다. 그러기 위해서는 구성원 누구와도 소통되도록 노력하는 것은 당연한 것입니다. 조직의 목적달성을 위해 취업한 것이고 고용한 것입니다. 초심은 그랬겠지만, 세월이 흐르면 이를 망각하는 경우가 있습니다."

"소통의 가장 큰 장애가 무엇일까요? 뒷말입니다. 누구나 가장 기분 나쁜 경우가 뒷말하는 사람을 경험할 때입니다. 필요하면 당사자에게 말을 해야지 뒷말을 만들고 전하는 것은 가장 위험합니다. 뒷말을 전해 들어서 편한 사람은 아무도 없을 것입니다. 대개 뒷말하는 사람은 지적탐구가 멈춰있는 경우입니다. 지적탐구가 활발한 사람은 뒷말하거나 들을 이유가 없습니다. 그런 행동으로 자기보상을 받을 만큼 자존감이 낮지 않기 때문입니다. 뒷말하는 사람들은 자신이 맡은 업무보다 일상사에 대한 관심이 높습니다. 그만큼 업무성과도 내기 어렵습니다. 소통을 잘하려면 오히려 허물을 덮어주고 칭찬하는 자세가 필요합니다. 허물없는 사람이 있을까요? 서로 허물을 보기로 들면 모든 게 허물이고 그 기준도 모호합니다. 보기 나름이라는 것입니다. 상대의 장점을 찾고 칭찬하다 보면 소통은 자연히 이루어집니다."

"모든 주제에 주인공인 사람도 있습니다. 설령 자신이 잘 아는 분야라고 해도 듣는 자세가 필요한 것입니다. 상대가 즐겁게 말하도록 해주어야 하는데, 조금만이라도 알면 말을 자르는 거죠. 소통의 거부입니다. 소통을 잘하는 사람들을 보면 대개 상대의 말을 경청합니다. 잘 아는 주제라도 주인공의 자리를 내어주는 거죠. 누구나 자기 이야기를 잘 들어주는 사람에게 호감을 느낍니다. 설득은 경청에서부터 시작하는 것입니다. 앞서 말씀드린 '성공하는 사람들의 7가지 습관'에서 다섯 번째가 '경청한 다음 이해시켜라.'입니다. 대인관계의 승리를 위해서는 경청이 매우 중요하다는 것을 강조하고 있습니다. 경청이 그냥 되는 것은 아닙니다. 상대가 어떤 위치에 있든 존중하는 마음이 있어야 경청할 수 있습니다. 나와 다른 남을 있는 그대로 받아들일 때 존중하는 마음이 생깁니다. 경청이야말로 비용이 발생하지 않는 최고의 소통이고, 그 소통으로 인해 자신의 대인관계역량을 높이는 방법입니다."

"경영학의 대가 피터 드러커는 '인간에게 있어서 가장 중요한 능력은 자기표현이며, 현대의 경영이나 관리는 커뮤니케이션에 의해 좌우된다.'고 했습니다. 소통의 능력이 가장 중요하다는 지적입니다. 또한 '내가 무슨 말을 했느냐가 중요한 것이 아니라, 상대방이 무슨 말을 들었느냐가 중요하다.'고 했습니다. 상대방의 입장에서 소통하려는 노력이 중요하다는 것이죠. 소통하고자 하는 상대방이 어떤 입장인지 이해하려는 노력이 있어야 합니다. 어떤 이익과 손해가 있는지 간파해야 합니다. 링컨은 '입을 열어 모든 의혹을 없애는 것보다는 침묵을 지키며 바보로 보이는 것이 낫다.'고 했습니다. 살다 보면 때로는 아무 말 없이 침묵을 지켜야 하는 소통도 있습니다."

"부장님! 경청이 잘 안될 때가 있습니다."
"그건 누구나 그래. 스스로 훈련이 필요하지."
"어떻게 훈련해야 하죠?"
"강의에서도 강조했지만 사람 차별하지 말고 호감과 존중을 가져야 해. 사람 위에 사람 없고 사람 아래에도 사람 없다는 사고가 중요하지."

"네……."

"우리 기관 옆에 청소리어카가 있지?"

"네."

"그분들이 아침 일찍부터 청소를 시작하시는데, 내가 가끔 차를 대접해드리지. 요즘 환경미화원이 되는 것도 쉽지 않지만, 그분들을 대하는 나의 태도에서 자신을 존중한다는 것을 느끼시는 것 같아."

"네. 저도 보았습니다."

"고선생도 항상 그런 마음을 가지게 되면, 경청의 자세가 몸에 배는 거지."

"네……."

"침묵이야말로 위대한 언어라는 것을 이해하면 돼. 많은 경우 침묵하는 것이 말하는 것보다 효과적일 때가 있지. 진정성으로 자세를 낮추고 다가가는 마음을 가져야 해."

"네, 부장님."

"오팀장. 이 기업의 공식명칭이 이게 맞나?"

"……."

"그러니까 공식적으로 이렇게 사용하는지 확인해 봤어?"

"확인은 안 했습니다."

"아니 본인이 문서에 작성하면서 확인을 안 했다는 거야?"

"……."

"문서는 공식적인 소통인데 정확한 표현인지 확인 안 하면 어떻게? 인터넷으로 검색하면 금방 알 수 있잖아."

"네. 확인해 보겠습니다."

"본인이 생성하는 문서에 불분명한 부분이 있다는 건 프로의 자세가 아니야."

"네. 시정하겠습니다."

"실습 지도교수님이 내일 오후에 찾아뵙겠답니다."

"그래. 근데 내일 오후엔 출장인데. 연락처를 줘봐."

"죄송한데요. 연락처를 안 받았습니다."

"왜? 연락처를 받아두는 건 기본 아니야?"

"제가 그만 깜박했습니다."

"반쪽만 소통했군."

"……"

"실습생은 알고 있을 테니 받아줘."

"네 부장님."

"부장님. 의논드릴 게 있습니다."

"네. 말씀하세요. 선생님."

"저희 둘이 학점은행제로 공부하는데요. 실습이 필요해서요."

"네. 당연히 여기서 하셔야지요."

"감사합니다."

"실습계획서는 홈페이지에 있으니 다운받으셔서 활용하시면 됩니다."

"선생님 둘째 아이는 여전히 컴퓨터만 하나요?"

"그게 말린다고 해서 되질 않아 걱정입니다."

"한 번 데리고 와보시면 어떨까요? 부모가 하면 잔소리로 여기겠지만 제가 한 번 상담해 보겠습니다."

"감사합니다."

"같은 말이라도 누가 하느냐에 따라 전달 정도가 달라질 수 있습니다. 그리고 친한 친구 한두 명 함께 오도록 해보세요. 혼자서는 어려워도 친구와 함께 오면 좀 더 편하게 생각할 수 있습니다. 일종의 대리소통이죠."

"아 그렇겠네요."

"가장 중요한 것은 당사자와의 소통이지만, 살다 보면 대리소통이 필요할 때가 종종 있습니다. 제가 진로를 중심으로 상담해 보겠습니다."

"그럼 언제 오게 할까요?"

"토요일 열 시 반이면 좋겠습니다."

13장

시간 관리로
내공을 길러라

사람은 시간과 함께 시간에 맞추어 살아간다. 정해진 시간에 일을 시작하고 끝낸다. 시간관리가 삶의 질을 좌우한다. 같은 시간이라도 효율적으로 사용하는 사람과 그렇지 못한 사람과의 격차가 발생한다. 시간은 관리되어야 한다. 10년의 법칙이나 1만 시간의 법칙도 결국 관리된 시간을 의미하는 것이다.

　"고선생 일찍 나와서 독서를 시작한 지 얼마나 됐지?"

　"7개월쯤 됐습니다. 부장님."

　"벌써 그렇게 되었나? 그냥 계산하면 210일이네. 하루 1시간이면 210시간이고. 8시간으로 나누면 26이니까, 남보다 26일을 더 살았다는 계산이 가능하지."

　"네. 그런 계산이 가능하네요."

　"비록 하루 한 시간이지만 1년이면 45일을 더 산다는 계산이 되지. 그게 10년이면 450일이니까, 대단한 거야."

　"제가 휴일에도 가능하면 독서를 했습니다. 부장님."

　"그래 이제 몇 권을 읽었나?"

　"지난주에 100권을 넘었습니다."

　"그래! 벌써?"

　"네. 독서기록을 하니까 읽는 권수가 늘어날 때마다의 기쁨이 느껴집니다."

　"지금은 무슨 책을 읽고 있어?"

　"공병호님의 '명품인생을 만드는 10년의 법칙'을 보고 있습니다."

　"지금처럼 한다면, 고선생은 5년 후면 많은 변화가 있을 거야."

　"네. 열심히 해보겠습니다."

"평가서류는?"

"모든 준비를 마쳤습니다."

"그래? 평가단이 오려면 아직 10일이 남았는데."

"부장님께서 미리 검토하시고, 보완점이 있으면 수정할 시간이 필요해서요."

"그래야겠지. 그게 시간 관리야. 평가 전날까지 허둥대는 것보다 훨씬 나은 방법이야."

"오늘 오후에 봐주시면 감사하겠습니다."

"알겠네."

"음. 대체로 준비가 잘 되었네. 고선생!"

"몇 가지만 보완하면 될 거 같아. 우선 기관홍보 부분이 충분치 않아. 기사스크랩 외에도 온라인으로 홍보한 부분을 보완해야 하겠어. 그리고 프로그램운영 부분에서 전체를 한 페이지에 요약정리 해두면 평가위원들이 별도의 통계를 내지 않아도 총량을 볼 수 있게 하면 좋을 거 같네. 그리고 외부공모사업도 10개가 별개로 철해졌지만, 전체를 요약정리하고."

"네 알겠습니다. 그렇게 하겠습니다."

"그리고 전날 미리 자료배열을 해야 해. 정리정돈과 청결에 신경쓰고. 당일에는 간단한 다과를 준비하도록 해야겠지. 평가 장소나 자료배열만 봐도 평가자들은 어느 정도 준비했는지를 가늠하게 되거든."

"네 알겠습니다."

"연간 250일 근무하고 연봉 3천만 원을 받는다면 하루 12만 원이죠. 시간당 1만 5천 원이고, 분당 250원입니다. 초당 약 4.2원입니다. 자신의 시간 값을 계산해볼 수 있습니다. 20대부터 50대까지의 평균연봉은 약 2천8백만 원으로 조사되었습니다. 같은 연령대의 자영업자 평균소득은 약 3천1백 7십만 원입니다. 그러나 봉급생활자보다 자영업자의 소득 편차가 훨씬 크다는 걸 고려해야 합니다."

"평균 연봉보다 높은 소득을 올리시나요?"
"제가 자영업을 하는데요. 평균보다는 좀 더 많은 것 같습니다."
"교육비 지출이 많으시죠?"
"그렇습니다."
"혼자만의 시간을 가지시기는 어렵죠?"
"네. 사업하는 입장에서 그러기는 쉽지 않습니다."
"그래도 이렇게 학교에 나오실 수 있으시니 다행이네요."
"처음엔 제가 없으면 안 될 줄 알았는데, 어떻게든 방법이 찾아지네요."
"맞습니다. 하려고 들면 방법이 찾아지지요."

"사는 게 시간과의 싸움인 것 같습니다. 소중한 자신을 위한 시간을 만들어 내는 것이 필요합니다. 하루 30분이든 2시간이든 무엇인가를 이루어내는 사람들은 자신만의 시간을 확보하고 지속하는 사람들입니다. 문제는 이를 인식하지 못한 채 살아가는 것입니다. 6개월만 지나도 커다란 편차가 생기는데, 시도조차 안 하는 사람들이 많습니다. 저 뒤에서 청강하고 있는 고선생의 경우를 말씀드리겠습니다. 하루 한 시간씩 사무실에 나와서 책을 읽기 시작한 지 7개월 정도 되었습니다. 그동안에 책 읽기 100권을 돌파했답니다. 휴일에도 책을 읽었으니 가능했을 것입니다. 별생각 없이 7개월을 보냈다면 이룰 수 없는 결과지요. 누구나 가능한 정도의 시간입니다. 그러나 누구나 실행하지는 않습니다."

"저 역시 지난 10여 년을 돌이켜보면 시간과의 싸움이였습니다. 하루 2시간 자신만의 시간을 만들려고 노력하였습니다. 95% 정도는 지켜진 것 같습니다. 그러는 동안의 성과를 말씀드려보겠습니다. 편입학해서 대학전공을 추가하였고, 대학원 석사과정과 박사과정 두 곳을 다녔습니다. 학교에 다니는 것만이 공부는 아니지만, 공식적인 전공을 위해서는 필요하였습니다. 다수의 위원회에 위촉되었고 위원장도 하였습니다. 국가자격검정 면접심사위원도 하게 되었습니다. 전국 평생학습 대상 개인학습자 부분 우수상을 비롯한 장관상, 도지사상 등 다수의 상도 받게 되었습니다. 몇 개의 대학에서 강의도 하고 있습니다. 저 자신과 약속한 대로 책도 냈습니다. 남이 볼 땐 별거 아닐지 몰라도 저는 제가 이루어낸 성과를 자부하고 싶습니다. 매일 아침 두 시간이 제 인생에 얼마나 크게 작용하였는지 저 자신은 압니다. 만일 그렇게 살지 않았다면 오늘 여러분들과의 만남이 불가능했지요. 하루 두 시간과 360일 출근을 시간계산 해보았습니다. 같은 10년이지만 저는 3.5년을 더 산 결과로 나타났습니다."

"여러분들께서는 지금 자신을 위한 시간을 투자하고 있으십니다.

수업에다 리포트, 시험 등 고통스러우시지요. 그럼에도 행복하게 생각하셔야 합니다. 여러분들은 실행에 옮기시는 분들이거든요. 원하지 않아도 길어진 인생, 학습은 평생 해야만 합니다. 그러니 시간의 뒤를 쫓기보다는 시간을 앞서 가시기 바랍니다. 그러기 위해서는 하루 1시간이라도 자신의 시간을 꼭 만드셔야 합니다. 방금 시작한 것 같은 하루가 아닌 준비된 하루하루를 살아야 합니다. 일도 그렇습니다. 일을 앞서서 끌고 가지 못하고 늘 일에 끌려다니는 사람이 있습니다. 몰입하지 못하는 것이지요. 대개 시간 관리의 개념이 없는 경우입니다. 시간의 중요성을 의식하지 못하는 것입니다. 그냥 하루하루 살아가는 것입니다. 목적 없이 하루하루 살다 보면 결국 남의 도움을 받아야 하는 삶이 될 것입니다."

"부자나 가난하거나 누구에게나 시간은 똑같이 주어집니다. 물론 부잣집 대학생은 아르바이트 안 하고 도서관에 가고, 가난한 집 대학생은 아르바이트를 해야 하겠지요. 그러나 두 사람의 결과는 모르는 일입니다. 아르바이트를 통해서 사회경험을 키우고, 직접 버는 돈으로 하는 공부인 만큼 더욱 열심히 공부할 수도 있습니다. 여러분들과 같은 중년의 학습자들은 더욱 그렇습니다. 자신의 돈으로 해야 할 필요성을 느끼는 학습이기 때문에 대부분 열심히 합니다. 늦은 공부지만 더 늦는 건 아니지요. 메이슨 쿨리는 '낭비한 시간에 대한 후회는 더 큰 시간 낭비다.'라고 했습니다. 인생 전체를 놓고 볼 때 여러분들은 적절한 때에 학습한다고 생각합니다. 시간을 의식하십시오. 삶에 대한 태도가 달라집니다. 시간을 관리하십시오. 인생의 성과가 나타나고, 삶의 질이 달라집니다. 오늘은 여기까지 말씀드리겠습니다."

"교수님 질문이 있습니다."

"그렇게 살면 개인적인 취미활동을 못 하시겠네요?"

"그런 점도 있겠지요. 하지만 앞서 말씀드린 저의 강점에서 나타났듯이 저는 다른 사람의 강점을 발견하고 촉진하는 것입니다. 강의를 통해 이런 말씀을 드리는 것이 저의 취미라고 할 수 있습니다. 취미가 직업이면 더욱 좋은 거지요. 시간 관리를 하시나요?"

"에 그게 잘 안 되는 것 같아요. 늘 뒤 쫓아가는 것 같습니다. 오늘 말씀을 듣고 하루 1시간을 꼭 확보해야겠다고 생각했습니다. 만들 수 있을 것 같습니다."

"장소가 중요해요. 아무에게도 방해받지 않는 장소라야 하거든요."

"제가 자영업을 하니까 한 시간 더 일찍 나가면 괜찮을 것 같습니다."

"그렇군요. 딱 한 달만 지속하시면 습관이 되실 겁니다."

"부장님! 아까는 좀 당황스러웠습니다."

"왜?"

"제 얘기를 하셔서요."

"그런가? 미안하네. 그렇지만 생생한 사례라서 말한 거야."

"부장님 그렇게 사시기까지 어려운 점은 없으신가요?"

"없다고는 할 수 없지만, 목적이 분명하니까 극복이 돼."

"저도 박사과정까지 할까요?"

"음 하는 거야 좋지. 그런데 박사과정은 목적이 아니고 수단이야. 미국 명문대가 목적이었던 한국 학생들 44%가 그만둔다잖아. 자기가 가고자 하는 목적이 먼저 분명해야 해."

"네. 부장님."

"요즘 책을 열심히 읽고 있으니까 곧 목적이 분명해질 거야."

"참 강점을 찾아봤나?"

"네. 첫 번째 강점이 학습자입니다."

"호! 그거 멋진데. 배우는 과정 자체를 즐기는 타입이라는 건데."

"네 그렇습니다. 무언가 배우지 않으면 안정이 안 되는 타입이랍니다."

"평생 학습하고 사는 직업이면 딱 인데. 지금 하는 일도 평생 학습하지 않으면 어려운 거고."

"네. 그렇게 생각하고 있습니다."

"하루하루를 자신을 바꾸는 시간으로 채우는 사람도 있고, 흘려버리는 사람도 있어. 아깝지. 아예 의식을 안 하는 경우라면 대책이 없지."

"……."

"항상 시간을 의식해야 해. 하루 24시간 자신의 시간 사용 표를 만들어보면 바로 알 수 있는데……."

"어서들 와! 셋이 왔나?"

"네."

"거기 앉자. 자 각자 이름을 말해줄래?"

"저는 최인영입니다. 저는 김지용입니다. 저는 박영재입니다."

"그래 인영이는 주로 뭘 하며 놀지?"

"컴퓨터 게임이요."

"재밌어?"

"네."

"너희들 고1이지?"

"네."

"공부들은 잘한다면서?"

"인영이가 제일 잘해요."

"그래!"

"지용이는 뭘 하며 놀지?"

"저도 컴퓨터요."

"영재는?"

"저도 컴퓨터를 하지만 락밴드 애들이랑 연습도 합니다."

"그래 너희들 여기 왜 왔니?"

"……. 엄마가."

"자. 대략 한 시간 정도 선생님과 얘기해보자."

"사람은 누구나 일을 하지? 무슨 일들을 하고 싶어?"

"……."

"이 영상을 보자"

정부장은 점수에 맞추어 대학을 진학하고 후회하는 대학생들의
영상을 보여주었다.

"어떠니?"

"……."

"너희들은 지금이 인생에서 가장 중요한시기다. 고2, 고3되면 진

로 탐색보다는 공부에 치중해야 하잖아?"

"네."

"사이언티스트하고 엔지니어하고 구분도 안 된 채 이공계 대학을 진학했다는 학생 봤지? 과학자와 기술자는 분명 다른데, 그 학과 가면 뭘 배우고 어떤 삶을 살아야 하는지는 알아야 하는데 점수에 맞추면 저런 현상이 나타나는 거야."

"네."

"진로 탐색의 첫 단계는 자신을 이해하는 거야. 자신이 어떤 사람 인지 모르면서 직업을 선택하는 건 매우 무모한 일이지. 각자 자신 의 장점들을 말해볼래?"

"네. 저는 좀 침착한 편이고 친구들과 잘 어울립니다."

"저는 절제를 잘한다고 합니다."

"저는 집중을 잘합니다. 그래서 성적도 잘 나오는 것 같습니다."

"그래. 좋은 장점들을 가졌군."

"홀랜드 직업유형검사결과는?"

"까먹었습니다."

"저런! 커리어넷에서 검사는?"

"……."

"좋아 너희들 진로탐색동아리 활동을 해볼래?"

"……."

"일단 다음에 한 번 더 보자."

"네."

"대신 각자 커리어넷에서 진로 관련 검사를 해 와야 해. 그리고 추천한 책 3권 중 강점에 관한 책을 통해 자신의 강점을 찾아오고."

"네."

14장

평생학습으로
미래를 대비하라

정부장은 대학과 대학원에서 평생학습을 전공하였다. 독서를 하면서 평생학습의 중요성을 인식한 것이다. 자신의 권유에 따라 직원들의 절반 이상이 학습을 하고 있다. 대개 학습하는 직원들의 업무성과도 좋다. 실습을 지도하면서도 늘 학습자들을 만난다. 이제갓 입학한 대학생들부터 중년의 학습자들까지 다양하다. 이런저런이유로 일이 단절되었던 여성학습자들이나, 일을 하지만 자신의 미래준비를 위해 학습하는 것이다. 앞서서 학습을 해본 입장에서 학습에 대한 도움이 자연스러운 것이다.

　"부장님 제가 진학을 해야 할지 고민입니다."
　"그건 오팀장이 결정할 일이지만 왜 진학해야 하는지 목적이 있어야 하네."
　"요즘 웬만하면 대학원을 나오니까요."
　"그렇기는 하지만 동기가 분명해야 하지."
　"지난번 모임에 갔더니 공부하시는 분들이 많았습니다."
　"다 나름대로 이유가 있겠지. 음 아직 진학 결정 시까지 여유가있으니 관심분야의 책부터 보는 건 어때?"
　"어떤 책을……."
　"아무래도 미래사회에 관한 책을 보는 게 좋을 거 같은데. 오팀장이 아직 젊으니까 10년 20년 후의 미래사회가 어떻게 변할지 읽어보면 학습하고자 하는 동기를 찾을 수 있을 거야. 우선 '2030년 유엔 미래보고서'를 봐. 그리고 내가 봤던 다른 책들도 추천해주지."
　"네. 감사합니다. 부장님 저녁 사주시면 제가 차를 대접하겠습니다."

"그거 좋지."

"고선생이 부장님 강의 잘 듣는다고 합니다."

"오팀장님도 들으시면 좋을 텐데요."

"아니야. 기회 봐서 직원들 워크숍 때 내가 강의를 하지 뭐."

"네. 그래 주시면 감사하겠습니다."

"오팀장도 진학을 고민한다는데, 고선생도 진학한다니까 같이 의논을 해보면 좋겠네."

"네 부장님."

"오팀장 강사간담회를 해야지?"

"네. 계획서를 내일 보여드릴 수 있습니다."

"강사들이 애정을 가지고 아이들을 대할 수 있도록 해야 해. 그러기 위해서는 우리 기관 강사로서 자부심을 가지도록 해야지."

"네. 그래서 이번 간담회에 외부 강사를 초빙하여 교수법에 대한 특강을 하기로 하였습니다."

"잘했네. 강사들에게 교수법은 매우 중요한 역량이지."

"저도 대학 다닐 때 많이 느꼈습니다."

"위촉장은?"

"네. 부장님 위촉장은 지난 3월에 드렸습니다."

"그랬지 참."

"강사들이 오셔서 잠깐씩이라도 컴퓨터를 편히 쓸 수 있도록 배려하고."

"네. 부장님."

"공부하시면서 힘은 드실 테지만 소감은 어떠신가요?"

"힘들어도 미래를 준비한다는 생각이 듭니다."

"공부 자체가 즐겁진 않으신가요?"

"즐겁다고는 생각되진 않습니다."

"아무래도 의무적으로 하는 과목들이라서 그러실 수 있습니다."

"그런데 왜 공부가 재미없을까요? 아마도 타율적이라서 그럴 것입니다. 자기주도성이 없다는 것입니다. 그건 저도 마찬가지입니다. 현재의 수업방식으로는 재미를 느끼기 어려운 것이 현실입니다. 그런데 학교공부 외에 책을 읽는다든가, 강의준비를 위한 공부를 할 때는 재미있습니다. 누가 시켜서 하는 게 아니라서 그런 것이라고 생각합니다."

"학습해야 할 이유를 모르는 사람은 없습니다. 그러나 막연하다면 구체적인 목적과 목표를 위한 학습이유를 찾아내지 못한 것입니다. 동기가 약해서 학습이 일어나지 않습니다. 켈러John M. Keller 의 ARCS모형이라고 부르는 학습동기 이론은 주의Attention, 관련성 Relevance, 자신감Confidence, 만족감Satisfaction의 앞글자를 따서 만든 것으로 동기 유발을 위해서는 이 네 가지 요소가 포함되어야 한다고 주장합니다. 이는 학생들에 대한 교수학습설계에 관한 것이지만 여러분들께서도 접해볼 필요가 있습니다. 우리는 어떤 것에 대해 주의를 끌게 되어야 합니다. 멋진 피아노 연주를 보고 피아니스트가 되고 싶다면 주의를 끌게 된 것이죠. 그다음 자신과의 관련성이 있어야 합니다. 이 학과로 오신 여러분들은 다수가 이미 관련이 있거나 관련성이 있을 거라는 확신이 있을 것입니다. 또한, 이 정도

학습은 해낼 수 있다는 자신감이 있어야 합니다. 중년의 학습자들이 굳이 해내기 어려운 학과에 지원하지는 않습니다. 학습자는 학습결과에 만족감이 있어야 합니다. 전부를 만족할 수는 없겠지만, 학습으로 이루어낸 성취가 있어야 한다는 것입니다. OECD 국가들 중에서 한국과 일본만 석차가 있답니다. 성적으로 서열화하면 만족하는 사람은 제한적일 수밖에 없습니다."

"제 경우를 말씀드리겠습니다. 제가 학습을 해야겠다고 마음먹은 것은, 독서를 통해서 이대로는 안 되겠다는 생각이었다고 말씀드렸습니다. 특히 정년 이후에 대한 불안감이 제게는 학습 동기였습니다. 정년 이후에 대해 주의를 한 것이죠. 60세까지 무사히 정년을 마친다 해도 적어도 20년은 뭔가를 해야 한다는 것이 제게는 무척와 닿았습니다. 지금으로부터 12년 전입니다. 뭘 할 수 있을지를 고민하다가 아예 평생교육을 전공해보기로 하고 편입학하였습니다. 평생 해보지 않은 일을 노후에 한다는 것이 쉬운 일은 아닙니다. 평생학습사회에 주목하던 제 입장에서 평생교육학은 재미있었습니다. 사이버대학이라 학비도 저렴하고 학교를 오갈 일도 거의 없었고, 동기가 있는 공부를 하니 성적도 잘 나왔습니다. 내친김에 석사과정까지 마쳤습니다. 지역이 평생학습도시로 선정되고 활성화되면서 이런저런 평생학습 관련 위원회에 참여하였습니다. 자연스럽게 자신감과 만족감을 얻게 되었습니다. 앞서 말씀드린 평생학습대상 개인학습자 부분 우수상은 제게 다시 큰 자극이 되었습니다. 대학원 박사과정에 진학하여 공부하는 동기가 되었습니다. 이렇듯 주의, 관련성, 자신감, 만족감이 반복되면서 학습의 선순환이 유지됩니다."

"현재에 있어 저의 주의는 책 쓰기입니다. 이미 공동저자로 첫 책을 출간하였지만, 단독출간을 목표로 하고 있습니다. 첫 책에 대한 반응이 다음 작업에 용기를 주었습니다. 첫 책을 쓰기 전에 책 또는 글쓰기와 출판에 관한 책들을 십여 권 보았습니다. 평생교육 전공자로서 평생교육의 중요성을 알리는 책을 쓰고자 하는 것입니다. 스스로 평생학습을 실천해온 만큼 그 이야기를 주제로 하면 무리가 없을 것 같습니다. 첫 책은 자신의 경험을 토대로 쓰는 것이 좋다는 것을 책 쓰기 책들을 통해 알게 되었습니다. 저는 전문작가가 아니기 때문에 진솔한 자기경험을 바탕으로 이야기를 전개하기로 하였습니다. 한 권의 책을 쓰기 위해서는 유사주제의 책들을 봐야 합니다. 유사주제의 책들을 보고 자신은 어떤 방향으로 쓸 것인지 정해야 합니다. 책을 출간하면 두 시간 정도의 강의는 무난해집니다. 쓰고자 하는 주제로 여러 차례 강의하면서 큰 틀을 만들어가고 있습니다."

"손미나 아나운서가 스타특강에서 이렇게 말했습니다. '인생은 마라톤과 같은 것이지만, 다른 점이 있다. 출발선은 같을지라도 코스는 사람마다 다르다.' 제가 드리는 말씀은 저의 코스이지 여러분 모두는 코스가 각기 다릅니다. 가고자 하는 코스에 도달하면 모두가 일등이죠. 홀로 가는 코스니 당연히 일등입니다. 경쟁자는 오직 자신뿐입니다. 나만의 코스를 발견하기 위한 진지한 자기 성찰이 필요합니다. 남은 인생을 어떻게 살아야 할지, 어떤 코스를 선택할지 생각해보아야 합니다. 그러기 위해서는 현재의 자기 지점을 아는 것이 중요합니다. 다른 사람으로 쉽게 대체할 수 없는 나만의 강점들을 점검하고 더욱 계발해야 합니다. 중년의 학습에서는 자신을 보다 객관적으로 점검하고 미래사회를 이해하는 데서 출발해야 합니다."

"정말 평생학습을 해야 할 것 같습니다. 부장님."
"그건 공자님 말씀처럼 즐거움이 있어야 할 수 있지. 그러니 학습의 즐거움을 느끼도록 스스로 노력해야 해."
"부장님은 항상 즐거우세요?"
"아니지. 학교학습은 아무래도 의무적이니까 즐거움이라 할 수는 없지. 사실 학교 교육이라는 것이 기본을 익히는 거야. 학사, 석사, 박사라는 단계는 어찌 보면 스스로 연구하고 학습하는 자세를 위한 단계라고도 할 수 있어."
"네……."
"누구에게도 간섭받지 않고 학습하는 습관이 되면 즐거워지지. 그래서 학습도 전략이 필요해."
"학습전략이요?"
"자신의 진로에 적합한 학습전략이 필요하다는 거야. 나처럼 은퇴 후 진로가 강사인 경우라면 전문분야가 있어야 해. 나의 경력과 경험을 바탕으로 심화하는 전략. 그래서 선택한 전략이 책 쓰기야. 책을 쓰려면 해당 분야의 책을 50권쯤은 읽어야 해. 자연스레 공부를 해야 하지. 한마디로 자신의 분야에서 팔리는 사람이 되려는 노력이 필요한 거지."

"그럼 저도 학습전략이 필요하겠네요?"

"당연히 그렇지. 지금은 여러 가능성을 열어두고 탐색해봐."

"지금 제가 하는 독서를 통해서 탐색하라는 말씀이시죠."

"맞아. 독서뿐만 아니라 교육연수 등에도 참석하고."

"네. 부장님"

"부장님 저희가 할 수 있을까요?"

"무슨 말씀이세요?"

"채용공고가 나와서요."

"아. 그래요. 줘 보실래요?"

"여기 출력물입니다."

"음. 결과는 예측할 수 없습니다. 취업이라는 게 동시에 어떤 사람들이 응시 하는가에 따라 결과가 달라지는 만큼 미리 포기할 일은 아니죠."

"……"

"지금부터가 중요합니다. 우선 서류준비에 만전을 기하셔야 합니다. 그 다음 면접에 대비하셔야죠. 된다고 생각하고 최선을 다하셔야 합니다. 그래야 안 되더라도 과정을 학습하게 됩니다."

"네. 알겠습니다. 부장님께서도 도와주실 거죠?"

"당연히 도와드려야죠."

"수고했어 고선생!"

"떨려서 혼났습니다."

"다 그렇게 배우는 거야."

"평가준비에 대해서 좋은 인상을 받으신 것 같아요."

"고선생이 고생했지. 세상 모든 일이 학습이야. 그동안의 준비과정 자체가 아무데서나 경험할 수 있는 건 아니지. 직장에서의 경험들이 누구나 동일하게 축적되는 건 아니야. 도전하려는 의식이 있어야 해. 일에 도전하려는 자세가 경험을 불러오는 거지. 오늘 저녁 식사 같이하지."

"감사합니다. 부장님."

"경험학위라고 들어봤어?"

"처음 들어봅니다."

"학교 학위도 중요하지만, 그 사람이 가진 경험치가 매우 중요하다는 거지. 다양한 경험과 난이도가 높은 경험이 역량을 키우는 건데, 몸 사리는 사람은 이런 경험이 부족할 수밖에 없지. 그저 자기가 맡은 일정도만 하고자 하는 사람에게는 그런 기회가 없게 되는데, 당장이야 편하겠지. 하지만 몇 년을 그렇게 지내면 역량에서 큰 차이가 나게 되겠지."

"그래서 고선생에게 평가준비를 시키신 거죠."

"맞아 오팀장."

"감사합니다. 부장님."

"아니야. 고선생 감사는 내가 해야지. 실습생들도 마찬가지야. '일 시키지 말아주세요.'하는 표정과 몸짓언어가 있지. 그럼 그 사람 시키겠어. 다른 사람 시키지. 귀한 시간 내서 실습하는 동안 하나라도 더 해보려는 사람이 알차게 하는 거야."

"우리 기관에서 자원봉사하시는 분들은 대단하시네요."

"그렇지. 그만큼 열정이 있는 거야. 하늘도 스스로 돕는 자를 돕는다잖아."

"그분들 채용에 응시한다면서요?"

"응. 열심히 준비하고 있는데, 잘 되길 바라야지."

"잘들 되셨으면 좋겠네요."

"부장님 서류전형에 합격했습니다."

"와!!! 축하합니다. 면접 준비하셔야겠네요?"

"네. 부장님."

"그동안 여기서 봉사하신 경험이 있으니 유리하실 겁니다. 그래도 예상 질문을 만드시고 답변을 연습하셔야 합니다."

"네. 예상 질문을 만들어 보겠지만, 부장님께서 검토해주시면 좋겠습니다."

"네. 그렇게 하지요."

"떨리면 어떻게 하죠?"

"그건 누구나 마찬가지입니다. 그래서 모의면접을 하잖아요. 질문이 만들어지면 모의면접을 해볼까요?

"네. 그래 주시면 감사하겠습니다."

15장

교육연수로
인맥을 넓혀라

정부장은 교육연수를 자주 다닌다. 쉼과 재충전의 기회이기 때문이다. 찾아보면 자신의 분야와 유사한 분야의 연수도 많다. 연수에서 만나는 사람들과의 교류도 즐거운 일이다. 정부장 자신의 분야 인맥도 대부분 교육연수에서 만난 인연들이다. 이런 인연을 일부러 만든다는 것은 매우 어렵다. 대부분 저렴한 비용이고 고용노동부 환급과정이 많기 때문에 기관 입장에서도 예산부담이 작다. 또 오셨냐는 말을 들을 정도다. 직원들에게도 교육연수를 적극적으로 권장한다. 직원들의 성장이 곧 기관역량이기 때문이다. 문제는 가는 직원들은 자주 가지만 그렇지 않은 직원들도 있다.

"저는 제주도가 처음입니다."
"그런가? 올레길을 걸으니 좋지?"
"그럼요. 이번 워크숍에 오길 잘한 것 같습니다."
"저기 봐! 오팀장은 다른 기관 선생님들하고 잘 어울리는데."
"네. 같은 사업 담당 선생님들이랍니다."
"그래!"
"여행은 자주 다니나?"
"자주 다니지 못합니다."
"그럼, 교육연수라도 자주 다녀. 사무실을 벗어나 쉼도 갖고, 배우고, 자신의 분야 사람들과 교류도 하고 1석 3조지."
"네. 그런 것 같습니다. 부장님."
"나는 일본, 말레이시아, 싱가포르, 중국, 필리핀, 미얀마, 태국 등을 연수차 다닌 것 같아."
"많이 다니셨네요."

"기회가 있으면 갔어. 다른 나라는 어찌하는지 보려고."

"저도 그런 기회가 있으면 좋겠네요."

"기회는 반드시 와. 대신 준비를 해야지."

"어떤 준비가 필요할까요?"

"고선생은 젊으니까 틈틈이 영어를 배워두면 좋을 거야."

"네 부장님."

"아 참. 기관평가 발표가 다음 주인가?"

"네. 그렇습니다."

"최선을 다했잖아. 기대해봐."

"오늘은 교육연수에 대해 말씀드리고자 합니다. 교육연수를 다녀 보신 적이 있으신가요?"

"저는 한 번도 없습니다."

"그 옆에 분은요?"

"저는 어린이집 교사여서 연간 몇 차례 교육을 받습니다."

"여러분들께서는 지금 정규교육을 받으시는 것입니다. 교육법상의 대학교육인 것이죠. 지금은 평생학습시대입니다. 평생교육법에 따르면 '평생교육이란 학교의 정규교육과정을 제외한 학력보완교육, 성인 문자해득교육, 직업능력 향상교육, 인문교양교육, 문화예술교육, 시민참여교육 등을 포함하는 모든 형태의 조직적인 교육활동을 말한다.'고 명시하였습니다. 학교교육을 제외한 대부분의 교육적 활동은 평생교육이라 할 수 있습니다. 우리나라에는 약 120개의 기초자치단체가 평생학습도시로 선정되어 있습니다. 이들 지자체에는 대부분 '평생학습과' 단위로 평생학습정책을 추진하고 있습니다. 읍·면·동마다 한글을 배우는 과정부터 직업능력개발, 문화예술, 인문교양 등 다양한 평생학습강좌를 개설하고 있습니다. 동아리 활동을 지원하는 곳도 많습니다."

"지금은 학교공부가 벅차시겠지만 온라인과 오프라인 교육연수에 참여하시기 바랍니다. 앞서도 말씀드렸지만 온라인상에 무료로 참여하시거나 읍·면·동의 강좌에 참여하는 방법도 있습니다. 여건이 되시면 해외연수도 참여하시기 바랍니다. 저는 수십 차례의 교육연수 참가를 통해 학습하였습니다. 학교교육은 이론중심이지만 교육연수는 실무중심이기 때문에 실천역량을 바로 키울 수 있는 효과가 있습니다. 다양한 사람들과 교류할 수 있는 기회를 만들 수 있습니다. 저도 실무적인 어려움이 발생하면 교육연수 때 만났던 사람들에게 도움을 요청합니다. 자기분야의 여러 인맥은 중요한 역량으로 발전하게 됩니다."

"제가 기업체 연수원에 근무했었다고 말씀드렸습니다. 저는 방송실에서 강의를 녹음해서 차로 이동할 때 듣고 다녔습니다. 기업연수에서 강의할 정도면 들어둘만 하다는 거죠. 자주 들어서 다음에는 어떤 말을 하는지 기억해낼정도였습니다. 그 때 들었던 강의들이 저에게는 약이 되었습니다. 요즘은 인터넷에서 많은 강의를 접할 수 있는 환경이 되었습니다. 다큐멘터리로 제작된 훌륭한 내용도 많습니다. 특정장소에 가야만 했던 교육연수가 언제 어디서나 가능해졌습니다. 교육연수를 통해서 실무적 내공을 키우시길 바랍니다."

"저는 오늘까지 총 15회의 짤막 특강을 하였습니다. 이 특강을 들었다고 해서 여러분들이 변화되지 않습니다. 왜냐하면, 변화는 스스로 실천으로만 가능하기 때문입니다. 아무리 좋은 강의를 들었다고 해도 스스로 실천하지 않으면 무용지물입니다. 1천 권의 책을 읽었다고 해도 변화하려는 실천이 없다면 그저 지식이 쌓였을 뿐입니다. 실천이 실천을 낳습니다. 어느 하나라도 실천하면 또 다른 실천을 실행하게 된다는 것입니다. 여러분들 중에는 이미 실천을 시작하신 분, 아직 머뭇거리시는 분이 있으실 것입니다. 실천은 누가 대신할 수 없습니다. 간디는 '천 번의 기도보다는 한 번의 행동으로 주변 사람들을 행복하게 만들어라.'라고 했습니다. 천 번의 생각보다 한 번의 실천이 여러분 모두에게 있기를 기원 합니다."

"짤막 특강이 저에게는 큰 보람이었습니다. 저에게 많은 분들이 문자로 감사를 표해주시고 상담도 하셨기 때문입니다. 그동안 경청해주신 여러분들에게 깊이 감사드리며, 짤막 특강을 모두 마치겠습니다. 감사합니다. 질문이 있으시면 말씀해주시기 바랍니다."
"교수님. 과대표가 대표로 몇 말씀 드려도 되겠습니까?"
"그럼요. 말씀하세요."
"그럼, 잠시 앞으로 나가겠습니다."
"네. 그러시지요."
"우선 그동안 저희들을 위한 진정어린 말씀들에 대해서 깊이 감사드립니다. 무엇보다도 교수님께서 직접 실천해 오신 경험들을 바탕으로 말씀해주셔서 마음에 닿았다고 생각합니다. 다른 교수님들께서도 훌륭하시지만, 교수님께서 저희들을 위한 열정과 애정을 느낄 수 있었습니다. 교수님 말씀처럼 변해보고자 하는 학생들이 많이 있는 것으로 생각합니다. 저 역시 실천을 시작하였습니다. 마지막 강의에서 하신 말씀처럼 실천이 없다면 아무것도 아닙니다. 그래서 종강 엠티에서 교수님이 그동안 해주신 내용을 종합해서 한번 더 강의를 해주셨으면 합니다. 여러분 어떻습니까?"

"네!!! 좋습니다."

"교수님 감사의 뜻으로 작은 선물을 준비하였습니다."

"아이고 이런, 고맙습니다. 그리고 엠티특강을 준비하겠습니다. 정말 감사합니다."

"훈훈했습니다. 부장님."

"그렇지. 아쉽기도 하고 홀가분하기도 하네."

"종합해서 말씀하실 기회를 만든 학생들도 대단하네요."

"그게 중년의 학습자들이야."

"그동안 제게도 청강의 기회를 주셔서 감사합니다."

"웬걸! 내가 감사하지. 먼 거리는 아니지만 함께해줘서 고맙고, 무엇보다 고선생이 잘 성장 할 수 있길 바라는 내 마음이 전해졌기를 바라네."

"그럼요. 저도 꼭 대학 강단에 서보도록 열심히 노력하겠습니다."

"나도 힘껏 지원하겠네. 아 그리고 평가발표가 내일이지?"

"네. 그래서 좀 진정이 안 됩니다."

"그래? 그냥 좋은 꿈 꿔."

"네. 부장님."

"부장님! 저희 합격했습니다!!!"

"와우!!! 축하드립니다. 어떻게 두 분이 다 합격했죠?"

"그러게요. 대부분 지역 외에서 온 분들인 것 같았습니다."

"그랬군요. 그러게 누가 오느냐에 따라 결과가 달라지는 것이죠."

"오늘은 저희가 한턱 쏘겠습니다."

"한턱 만요?"

"아 네, 쭉 쏘겠습니다."

"축하를 받으셔야 하니 제가 한턱 쏘지요. 그동안 자원봉사도 열심히 해주셨잖아요."

"아닙니다. 저희가 쏴야죠."

"암튼 이따 봐요."

"네 부장님!"

"부장님 최우숩니다!!!"

"그래! 잘했네! 정말 잘했어!!!"

"……."

"그래. 고생 많이 했어."

"……."

"이거 오늘 겹경사로군. 왜 말이 없나?"

"……. 너무 기뻐서요."

"그래. 오늘 직원들 모두 회식하자. 자리 미리 예약하고."

"네. 부장님"

"오늘 우리 기관은 큰 경사를 맞이하였습니다. 최우수기관평가를 받은 것입니다. 이는 여러분 모두가 함께 노력한 결과입니다. 평가 지표를 관리하고, 사업을 따오느라 고생들 많이 하였습니다. 이제 남은 건 오팀장이 운영하는 사업인데 분명 좋은 결과를 얻으리라고 생각합니다. 아울러 그동안 우리 기관에서 자원봉사를 해 오신 두 분이 취업을 하셨습니다. 청소부터 프로그램보조까지 열심히 노력하신 두 분의 결과도 축하합니다. 오늘 이 뜻깊은 자리에서 먼저 고선생의 인사 말씀이 있겠습니다."

"아닙니다. 부장님. 선배님들이 먼저……."

"고선생, 다 시킬 거니까 먼저 해."

"저는 선배님들이 다 해 오신 것을 정리만 한 것인데, 이런 결과를 얻게 되어 정말 기쁩니다. 함께 일한 지 일 년도 되지 않았는데 중요한 일을 맡겨주시고 믿어주셨습니다. 처음 해보는 일이라 걱정도 많이 했습니다. 앞으로도 선배님들에게 많은 것을 배우도록 노력하겠습니다. 그리고 무엇보다도 저 자신이 변화하고 있고, 성장한다는 느낌이어서 이곳에 오길 잘했다고 생각합니다. 감사합니다. 더욱 열심히 하겠습니다……."

"와, 박수 짝짝짝."

"다음은 오팀장이 하지."

"네 부장님. 이번 결과를 만들어내기까지 고생들 많이 하셨습니다. 제가 맡은 팀의 사업은 매년 평가를 해서 다음 해라는 기회가 있습니다. 기관평가는 3년마다 하는 평가여서 매우 중요한 의미가 있다고 생각합니다.

제가 나이도 어리고 업무적으로 많이 미숙하였습니다. 부장님과 우리 팀 선생님들의 도움으로 점차 익숙해져 갈 것으로 생각합니다. 최선을 다해 우리 팀 사업도 최우수평가를 받도록 노력하겠습니다."

"와, 박수 짝짝짝."

"오늘 취업이 결정되신 실습선생님 한 말씀 해주시죠."

"제가 하겠습니다. 그동안 저희들의 자원봉사를 허락해주신 점 감사드립니다. 프로그램운영 시 잠시 하는 자원봉사가 아니고 전일 제 자원봉사가 오늘의 결과를 주었다고 생각합니다. 실제로 면접에서 많은 도움이 되었습니다. 이곳에서의 지난 시간들을 거울삼아 잘 적응하도록 노력하겠습니다. 그리고 이건 직원들에게 드리는 저희의 작은 정성입니다. 감사합니다."

"와, 박수 짝짝짝."

"안녕하세요. 부장님."

"어! 피곤할 텐데 둘 다 일찍 나왔네."

"네. 입구에서 만났습니다."

"그럼 차 한잔 할까?"

"네. 준비하겠습니다."

"부장님은 안 피곤하세요?"

"응 괜찮아."

"어제 동기들에게 축하 문자를 많이 받았습니다."

"벌써?"

"네. 부럽다고요."

"동기들 얘길 들어보면 기관마다 조금씩 다른 거 같아요."

"그렇지. 기관마다 성향이 있기 마련이지."

"저를 부러워합니다."

"왜?"

"부장님 같은 분이 계시다는 것이요."

"나보다 열심히 하는 분들이 많아."

"근데 막상 결과가 나오니까 조금 힘이 빠지는데요. 부장님"

"내가 그럴 줄 알고 준비했네."

"네?"

"기관사업보고서를 만들게."

"그게……."

"한 해의 사업을 정리하는 보고서야."

"안 해봤는데 괜찮을까요?"

"안 해본 일이니 더욱 해봐야지. 지난해 보고서를 참조하면 돼."

"네. 알겠습니다."

"난이도가 좀 있지만 고선생을 한층 성장시킬 일이지."

"감사합니다. 부장님"

"성취는 또 다른 성취를 부르는 법이지. 그게 쌓이면 역량이고, 역량이 커지면 다른 사람으로 대체하기 어려운 거지. 고은아라는 명품브랜드가 되는 것이네"

"네! 명품브랜드가 되겠습니다!!!"

"하하하. 기대하겠네."

에필로그

청소년기관에서 함께했던 동료들에게 감사드린다. 그들과 함께했던 절절한 세월이 이 책의 동기가 되었다. 소설에 등장하는 인물은 허구이며, 함께했던 동료들은 모두 훌륭한 분들이다.

누구에게나 삶의 무게는 있을 것이다. 이를 극복하게 하는 것은 무한한 지지라고 생각한다. 필자에게 무한한 지지를 보내준 많은 분들에게 머리 숙여 감사드린다. 그분들이 아니었다면 나의 삶은 반쪽에 지나지 않았을 것이다.

굴곡의 세월을 버티게 한 것은 독서였다. 독서로써 자신을 다스리고 성과를 얻었다고 믿는다. 중년을 지나면서 노년을 준비하였다. 현재도 그 과정중이며, 이 책의 집필도 그 중 하나다. 많은 중년들을 만나면서 중년을 넘는 방법이 필요하다는 것을 절감하고, 그분들의 고민을 덜어주고 싶었다.

초고를 읽어주시고 출판이 되도록 지지해주신 여러 선생님들과 서평을 써주신 송성숙 박사님, 심현아·황동주 선생님, 김양숙 선생님께 감사드립니다. 이 책의 출판을 도와주신 도서출판 지식공감 김재홍사장님과 김태수·박보라·이연실님께도 감사드립니다.

자기계발의 1순위가 독서입니다. 저자의 독서목록 중 추천도서를
첨부합니다. 검색을 통해 필요하다고 판단하시는 책을 선택하시기
바랍니다.

1	100개 만으로 살아보기	데이브 브루노	청림출판
2	100세 쇼크: 꼭 알아야할 불편한 진실	전도근	북포스
3	100세 시대 50대의 선택	함광남	이지출판
4	10대가 아프다	이상주	다음생각
5	14가지 경영혁신기법의 통합모델	신철호 외	서울경제경영
6	150세 시대: 더 오래 사는 시대 무엇을 알고 준비할 것인가	조니아 애리슨	타임비즈
7	180일의 엘블리	리사 아벤드	시공사
8	1년에 500권 마법의 책읽기	소노 요시히로	물병자리
9	1日1食: 내 몸을 살리는 52일 공복 프로젝트	나구모 요시노리	위즈덤하우스
10	1일 30분: 인생승리의 공부법 55	후루이치유키오	이레

11	1초를 잡아라	임동승	삼성경제연구소
12	21세기 기업생존전략	이광현	도서출판 석정
13	잡담이 능력이다: 30초 만에 어색함이 사라지는	사이토 다카시	위즈덤하우스
14	365ThankYou	존 클랠리	한국경제신문
15	3D 프린팅의 신세계	호드 립슨 외	한스미디어
16	3불 전략	이병주	가디언
17	40대, 다시 한 번 공부에 미쳐라	김병완	함께
18	40대를 위한 가슴이 시키는 일 part.3 인생 후반전편	전영철	판테온하우스
19	48분 기적의 독서법	김병완	미다스북스
20	50대, 눈으로 꿈꾸고 가슴으로 잊어가며 산다	강대신	다음생각
21	50번째 법칙	로버트 그린 외	살림BIZ
22	59초	리처드 와이즈먼	웅진지식하우스
23	9040법칙 : 인생의 90퍼센트는 40대에 결정된다	와다 히데키	좋은책만들기

24	CEO 안철수, 영혼이 있는 승부	안철수	김영사
25	CEO 안철수, 지금 우리에게 필요한 것은	안철수	김영사
26	CEO 책에서 성공을 훔치다	최종욱	BOOKCOSMOS
27	CEO의 다이어리엔 뭔가 비밀이 있다	니시무라 아키라	디자인하우스
28	Choice 지금 당신의 선택이 당신의 내일이다	테드 윌리	한언
29	CLEAN: 씻어내고 새롭게 태어나는 내 몸 혁명	알레한드로융거	샘앤파커스
30	EBS 공부의 왕도	공부의 왕도 제작팀	예담프렌드
31	FBI 행동의 심리학	조내버로 외	리더스북
32	Follow: 당신을 행복으로 이끄는 인생의 원리	김효석, 이인환	미다스북스
33	Freedom Writers Diary	에린 그루헬	랜덤하우스코리아
34	GO	가네시로가즈키	물폴리오
35	My Life	강현구	한언

36	Quiet: 시끄러운 세상에서 조용히 세상을 움직이는 힘	수전케인	RHK
37	SELF ANALYSIS DIARY – 당신의 천직을 찾아주는 최강의 자기분석	우메다 사치코 외	알키
38	TED 프리젠테이션	제레미 도노반	인사이트 앤뷰
39	The Answer 해답	존 아사라프 외	랜덤하우스코리아
40	The Goal	엘리 골드렛 외	동양문고
41	The Power	RHONDA	살림출판사
42	THE STORY OF STUFF 너무 늦기 전에 알아야 할 물건이야기	애니 레너드	김영사
43	What the dog saw: 그 개는 무엇을 보았나	말콤글래드웰	김영사
44	가르시아 장군에게 보내는 편지	엘버트 허버드	새로운제안
45	가장 낮은데서 피는 꽃	이지성 외	문학동네
46	가장 뛰어난 중년의 뇌	바버라 스트로치	해나무

47	감동을 남기고 떠난 열 두 사람	오츠 슈이치	21세기북스
48	감옥으로부터의 사색	신영복	돌베개
49	감정관점 청소년개발 레질리언스	천정웅 외	신정
50	거래의 7가지 함정	이경만	21세기북스
51	거짓말하는 착한 사람들	댄 애리얼리	청림출판
52	겁 없이 꿈꾸고 거침없이 도전하라	홍은아	라이프 맵
53	결정적 순간의 대화	케리 패터슨	김영사
54	고양이가 짖을 때까지 기다릴 것인가	브라이언아이 젠버그 외	명진출판사
55	공병호의 내공: 뿌리 깊은 나무처럼	공병호	21세기북스
56	공병호의 벽을 넘는 기술	공병호	21세기북스
57	공병호의 성찰	공병호	세종서적
58	공병호의 우문현답	공병호	해냄
59	공병호의 인생강독: 좌절의 별에서 살아남는 법	공병호	21세기북스

60	그건, 사랑이었네	한비야	푸른숲
61	그녀는 몸으로 말한다	제임스 보그	지식갤러리
62	그들은 소리 내 울지 않는다	송호근	이와우
63	그러나 그의 삶은 따뜻했다	문용린	산해
64	글쓰기 콘서트	심훈	파워북
65	글쓰기 홈스쿨	고경태 외	한겨레출판
66	글쓰며 사는 삶	나탈리 골드버그	페가수스
67	긍정, 걸작을 만든다	윤석금	리더스북
68	기적의 사과	기무라 아키노리 외	김영사
69	기적의 아키타 공부법	아베 노보루	김영사
70	길어진 인생을 사는 기술	슈테판볼만	웅진지식하우스
71	김태훈의 랜덤 워크	김태훈	링거스

72	깊은 인생	구본형	휴머니스트
73	꽂히는 글쓰기	조 비테일	웅진윙스
74	꾸리찌바 에필로그	박용남	서해문집
75	꿀벌과 게릴라	게리 해멀	세종서적
76	꿈꾸는 다락방(생생하게 꿈 꾸면 이루어진다)	이지성	국일미디어
77	꿈에 진실하라 간절하라	김선권	21세기북스
78	꿈을 이루어주는 한 권의 수첩	구마가이마사토	북폴리오
79	꿈이 있다면 멈추지 않는다	김찬영	은행나무
80	나는 결심하지만 뇌는 비웃는다	데이비드디살보	모멘텀
81	나는 까칠하게 살기로 했다	양창순	센츄리원
82	나는 매일 은퇴를 꿈꾼다	한혜경	샘터
83	나는 몇 살까지 살까?	하워드S 외	샘앤파커스
84	나는 언제까지 회사를 다닐 수 있을까	민도식	북포스
85	나는 탁월함에 미쳤다	공병호	21세기북스

86	나를 확, 바꾸는 실천 독서법	민도식	북포스
87	나미야 잡화점의 기적	히가시노게이고	현대문학
88	나의 사랑, 백남준	구보다 시게코 외	이순
89	날것의 인생 매혹의 요리사	후안 모레노	반비
90	남자는 서재에서 딴 짓 한다	조우석	중앙 m&b
91	내 꽃도 한 번은 피리라	이임자	동아일보사
92	내 인생에 용기가 되어준 한마디	정호승	비채
93	내 책은 하루 한 뼘씩 자란다	양정훈	헤리티지
94	내가 상상하면 현실이 된다	리처드 브랜슨	리더스북
95	내 안에 잠든 거인을 깨워라	앤서니 라빈스	씨앗을 뿌리는 사람
96	내 안에 6개의 얼굴이 숨어있다	캐롤 피어슨	사이
97	내 인생을 바꾼 한 권의 책	잭 캔필드 외	리더스북

111	다빈치코드 1	댄 브라운	문학수첩
112	단 한마디 말로도 박수 받는 힘	강헌구	예담
113	달팽이 편지	윤석미	포북(Forbook)
114	당신 참 괜찮은 사람이야	양창순	센추리원
115	당신, 거기 있어줄래요?	기욤 뮈소	밝은세상
116	당신, 잠시 멈춰도 괜찮아	낸시 길마틴	비즈니스북스
117	당신도 베스트셀러 작가가 될 수 있다	앨리슨 베이버스톡	샘앤파커스
118	당신도 책을 써라	이득총	Dream&Vision
119	당신의 꿈은 무엇입니까?	김수영	웅진지식하우스
120	보물지도: 당신의 소중한 꿈을 이루는	모치즈키 도시타카	나라원
121	당신의 인생에 집필을 더하라	신승환	워키미디어
122	당신의 인생을 이모작하라	최재천	삼성경제연구소
123	당신의 책을 가져라	송숙희	국일미디어

124	대한민국 40대 리포트: 그들은 왜 바꾸려고 하는가	함영훈	미래의 창
125	대한민국 시니어 리포트 2014	교보생명, 시니어파트너즈	교보문고
126	대한민국 파워엘리트 101인이 들려주는 성공비결 101가지	조순 외	새움
127	독서 천재가 된 홍대리	이지성 외	다산라이프
128	인생의 절반은 부자로 살자: 돈 걱정 없이 행복하게	오종윤	끌리는 책
129	돈 안드는 노후준비 7원칙	김창기	미래에셋 은퇴설계총서02
130	돈보다 운을 벌어라	김승호	샘앤파커스
131	돈으로 살 수 없는 것들	마이클 샌델	와이즈베리
132	로그아웃에 도전한 우리의 겨울	수잔모샤트	민음인
133	리더가 죽어야 리더십이 된다	진재혁	더난출판사
134	리딩으로 리드하라	이지성	문학동네
135	리츠 칼튼, 꿈의 서비스	조셉 미첼리	비전과 리더십

136	마스터리의 법칙	로버트 그린	살림BIZ
137	마음을 사로잡는 파워스피치	김은성	위즈덤하우스
138	마음을 얻어야 세상을 얻는다	허태학	이지출판
139	마음의 힘: 생각의 습관을 바꾸는 마인드파워트레이닝	제임스 보그	한스미디어
140	마흔, 논어를 읽어야할 시간	신정근	21세기북스
141	마흔 수업	팡저우	황금부엉이
142	마흔에 꼭 만나야 할 사람, 버려야 할 사람	나카야마 마코토	끌리는 책
143	만만한 출판제작	박찬수	한국출판마케팅연구소
144	말하는 대로 꿈꾸는 대로	이익선	위지덤하우스
145	맑고 향기롭게	법정	조화로운 삶
146	맥킨지는 일하는 방식이 다르다	에단라지엘	김영사
147	먹고 단식하고 먹어라	브래드 필론	36.5
148	멀티어십	조관일	21세기북스

149	멈추지 마, 다시 꿈부터 써봐	김수영	웅진지식하우스
150	멋지게 한 말씀	조관일	샘앤파커스
151	명품자녀로 키우는 부모력	송지희	21세기북스
152	모든 비즈니스는 브랜딩이다	홍성태	샘앤파커스
153	명품인생을 만드는 10년 법칙	공병호	21세기북스
154	몰입 두번째 이야기: 인생의 완성도를 높이는 자기혁명	황농문	랜덤하우스코리아
155	몰입 Think hard!: 인생을 바꾸는 자기혁명	황농문	랜덤하우스코리아
156	몸으로 책읽기	명로진	북바이북
157	무엇이 될까 보다 어떻게 살까를 꿈꿔라	김원석	명진출판
158	무지개 원리	차동엽	국일미디어
159	무책임사원	로저 코너스 외	파이카

160	문장력 높이기 기술	장하늘	다산초당
161	문화예술기관의 마케팅	보니타M. 콜브	김영사
162	미래쇼크	앨빈토플러	한국경제신문사
163	미쳤다는 말을 들어야 후회 없는 인생이다	김경수	명진출판
164	민들레영토 희망 스토리	김영한, 지승룡	RHK
165	반드시 해내겠다 말하라!	도널드 트럼프	중앙북스
166	백만불짜리 습관	브라이언트레이시	용오름
167	버킷리스트	강창균, 유영만	한국경제신문사
168	100세 습관	이시하라 유미	더난출판사
169	보이는 것만이 인생의 전부는 아니다	김태관	홍익출판사
170	보이지 않는 것을 팔아라	해리 벡위드	더난
171	부모라면 유대인처럼	고재학	예담프렌드

172	100세시대의 인생 로드맵 부활	조용상	나무한그루
173	러브마크: 브랜드의 미래	캐빈 로버츠	서돌
174	블링크	말콤글래드웰	21세기북스
175	빅데이터, 경영을 바꾸다	함유근 외	삼성경제연구소
176	빌게이츠 생각의 속도	빌게이츠	청림출판
177	사람에게서 구하라	구본형	을유문화사
178	사람은 무엇으로 사는가	레프N.톨스토이	푸른숲주니어
179	사람을 읽는 기술	다나베가츠노리	평단문화사
180	사랑을 찾아 돌아오다	기욤 뮈소	밝은세상
181	사랑의 돌봄은 기적을 만든다	김수지	비전과리더십
182	사이버 공간과 평생학습	정민승	교육과학사
183	살아있는 것은 다 행복하라	법정	조화로운 삶
184	삶을 바꾼 만남: 스승 정약용과 제자 황상	정민	문학동네
185	삼성을 2류라고 말할 수 있는 삼성맨	김낙봉	하늘

186	삼성처럼 회의하라	김영한, 김영안	청년정신
187	상점경영백과	박달규	한국산업훈련연구소
188	새벽 5시: 습관형 인간을 위한 블랙워크북	돈 케네디	리더스북
189	새클턴의 위대한 항해	알프레드 랜싱	뜨인돌
190	생각의 좌표	홍세화	한겨레출판
191	생각지도 못한 생각지도	유영만	위너스북
192	생각하지 않는 사람들	니콜라스 카	청림출판
193	생산적 책 읽기 50	안상헌	북포스
194	서드 에이지, 마흔 이후 30년	윌리엄새들러	사이
195	서툰 청춘을 위한 다독다독	허병두	청어람미디어
196	서효석의 건강보감	서효석	편강
197	선물	스펜서 존슨	RHK
198	성격의 비밀: 행복한 인간관계의 답이 숨어있는	이충헌	더난출판사
199	성공을 위한 9가지 습관	아나 야스오	매일출판

200	성공하는 사람들의 7가지 습관	스티븐 코비	김영사
201	성공하는 사람들의 8번째 습관	스티븐 코비	김영사
202	성인교육사회학	차갑부	양서원
203	세계적 인물은 어떻게 키워지는가	빅터고어츨	뜨인돌
204	세상을 뒤흔든 7인의 습관	김태광	경향미디어
205	세상을 움직이는 100가지 법칙	이영직	스마트비지니스
206	세월이 젊음에게	구본형	청림출판
207	수시로 뜨는 학교들의 비밀	장옥경	글로세움
208	스무살 청춘! A+보다 꿈에 미쳐라	박원희	김영사
209	스무살, 정의를 말하다.	고재석	미다스북스
210	스토리가 스펙을 이긴다	김정태	갤리온
211	스티브 잡스	월터 아이작슨	민음사
212	스티브잡스의 수퍼업무력	다케우치가즈마사	스펙트럼북스
213	스티브잡스의 프리젠테이션	김경태	멘토르

214	공병호 습관은 배신하지 않는다	공병호	21세기북스
215	승려와 수수께끼	랜디 코미사	이콘
216	시골의사 박경철의 자기 혁명	박경철	리더스북
217	시 읽는 CEO	고두현	21세기북스
218	심플하게 산다	도미니크 로로	바다출판사
219	싸우는 조직	와타나베 미키	비즈니스북스
220	아들아, 머뭇거리기에는 인생이 너무 짧다	강현구	한언
221	아름다운 가치사전	채인선	한울림어린이
222	아름다움의 과학	울리히 렌츠	프로네시스
223	아웃라이어	말콤글래드웰	김영사
224	아프니까 청춘이다	김난도	쌤앤파커스
225	아침형 인간	사이쇼 히로시	한스미디어
226	아플 수도 없는 마흔이다	이의수	한국경제신문
227	안철수의 생각	안철수	김영사
228	안철수의 서재	이채윤	푸른영토

229	앙코르 내 인생	조선일보	더 숲
230	애플과 삼성은 어떻게 디자인 기업이 되었나	로버트 브루너 외	미래의 창
231	어떻게 원하는 것을 얻는가	스튜어트 다이아 몬드	에이트 포인트
232	어른들을 위한 창의학 수업	스탠 라이	에버리치홀딩스
233	어째서 한국의 자녀들이 망가져 가는가?	백상창	한국사회병리 연구소
234	언씽킹 Unthinking	해리 벡위드	토네이도
235	에코지능	대니얼 골먼	웅진지식하우스
236	여덟 단어: 인생을 대하는 우리의 자세	박웅현	북하우스
237	역사 속에서 걸어 나온 사람들	나카지마 아츠시	다섯수레
238	열정 능력자	진 랜드럼	들녘
239	영혼을 위한 닭고기 스프 1	잭 캔필드 외	푸른숲
240	영혼을 위한 닭고기 스프 2	잭 캔필드 외	푸른숲

241	오늘 내가 살아갈 이유	위지안	예담
242	오리진이 되라	강신창	쌤앤파커스
243	오십의 발견	이갑수	민음사
244	오직 독서뿐	정민	김영사
245	오체불만족	오토다케 히로타다	창해
246	온워드: 스타벅스 CEO 하워드 슐츠의 혁신과 도전	하워드 슐츠 외	에이트 포인트
247	왜 자기주도 학습일까?	사상훈, 서상민	지상사
248	왜 책을 읽는가	샤를 단치	이루
249	우리는 왜 실수를 하는가	조지프 핼리 넌	문학동네
250	우리는 천국으로 출근 한다	김종훈	21세기북스
251	우물쭈물하다 이럴 줄 알았다	김진영	홍익출판사
252	공병호의 공부법: 운명을 바꾸는	공병호	21세기북스
253	원칙중심의 리더십	스티븐 코비	김영사

267	이순신 칼의 노래 1	김훈	생각의 나무
268	이순신 칼의 노래 2	김훈	생각의 나무
269	이제는 사람이 경쟁력이다	신봉호, 조우현	한겨레신문사
270	이카루스 이야기	세스 고딘	한국경제신문사
271	인생독본	톨스토이	지성문학사
272	인생 오십 남달리 살피고 사랑하라	윤재근	산천재
273	인생을 최고로 사는 지혜	새무얼 스마일즈	비즈니스북스
274	인생이 빛나는 정리의 마법	곤도 마리에	더난출판사
275	일본전산이야기	김성호	쌤앤파커스
276	일생에 한 권 책을 써라	양병무	21세기북스
277	일을 했으면 성과를 내라	류랑도	쌤앤파커스
278	자기개발 5개년 계획	니시야마 아키히토	비즈니스맵
279	자기계발의 덫	미키 맥기	모요사
280	자기주도적 공부습관을 길러 주는 학습코칭	전도근	학지사

281	어른의 공부법: 자유로운 인생을 위한	센다 다쿠야	토트출판사
282	디테일의 힘: 작지만 강력한	왕중추	올림
283	장미와 찔레- 미래를 바꾸는 두가지 선택	조동성 외	IWELL (아이웰콘텐츠)
284	장사의 신	우노 다카시	쌤앤파커스
285	재미있는 일터 만들기	이관응	넥서스 BIZ
286	전쟁과 반전쟁	앨빈토플러 외	청림출판
287	전쟁의 기술	로버트 그린	웅진지식하우스
288	젊음의 탄생	이어령	마로니에북스
289	정문술의 아름다운 경영	정문술	키와채
290	정보화시대의 신경영	이순철	청양
291	정의란 무엇인가JUSTICE	마이클 샌델	김영사
292	정재승의 과학 콘서트	정재승	어크로스
293	정직한 글쓰기	CahrlesLipson	멘토르
294	제3의 인생 중년실직 시대의 인생법칙	김창기	행복포럼

295	조벽 교수의 명강의 노하우&노와이	조벽	해냄
296	조벽 교수의 인재혁명	조벽	해냄
297	존 맥스웰의 위대한 영향력	존 맥스웰	비즈니스북스
298	좋은 기업을 넘어 위대한 기업으로	짐 콜린스	김영사
299	죽은 CEO의 살아있는 아이디어	토드 부크홀츠	김영사
300	죽을 때 후회하는 스물다섯가지	오츠 슈이치	21세기북스
301	지랄발랄 하은맘의 불량육아	김선미	무한
302	지상 최대의 쇼	리처드 도킨스	김영사
303	지식의 재탄생	이언F. 맥닐리 외	살림출판사
304	지식인의 서재	한정원	행성:B잎새
305	진로교육, 아이의 미래를 멘토링하다	조진표	주니어김영사
306	진시황도 웃게 할 100세 건강 비법	홍성재	맑은생각
307	참 서툰 사람들	박광수	갤리온

308	참 서툰 사람들(2)	박광수	갤리온
309	창조적 괴짜가 세상을 움직인다	요나스 리더스트럴러 외	황금가지
310	책 vs 역사	볼프강 헤를레스 외	추수밭
311	책 쓰기의 모든 것	송숙희	인더북스
312	천기누설: 내 몸에 기적을 일으킨 야생음식 36가지	MBN천기누설 제작팀	다온북스
313	초등학생 학습혁명	김숙희	RHK
314	초등학생 때 놓치면 평생 후회 한다	김자영	재인
315	초 파괴 시대의 경영	하다케야마요시오	한국산업 훈련연구소
316	총균쇠	제레드 다이아몬드	문학사상사
317	최고의 교수	EBS 최고의 교수제작팀	예담
318	출판천재 간키 하루오	간키 하루오	커뮤니케이션북스
319	치유하는 글쓰기	박미라	한겨레출판
320	친구가 되어 주실래요?	이태석	생활성서사

321	코리안탱크	최경주	비전과 리더십
322	코피티션	배리J.네일퍼프	한국경제신문사
323	킹피셔	창조경영아카데미	넥서스BIZ
324	타임패러독스	필름 짐바르도 외	미이어월
325	탁구영의 책 한권 쓰기	조관일	미이어월
326	튀지 말고 차별화하라	잭트라우트 외	더난출판사
327	패턴	커비 서프라이즈	쌤앤파커스
328	퍼펙트 워크	왕중추 외	다산북스
329	편강 100세 길을 찾다	서효석	편강
330	편애하는 인간	스티븐 아스마	생각연구소
331	평생성적, 초등4학년에 결정된다	김강일, 김명옥	예담
332	프로의 경지	고미야 가즈요시	다산북스
333	피로사회	한병철	문학과지성사
334	피터 드러커 자서전	피터 드러커	한국경제신문사
335	피터 드러커, 마지막 통찰	엘리자베스 하스 에더샤임	명진출판

336	핀란드 공부 혁명	박재원, 임병희	비아북
337	핀란드 부모 혁명	박재원, 구해진	비아북
338	하루 10분의 기적	KBS 수요기획팀	가디언
339	하루라도 공부만 할 수 있다면	박철범	다산에듀
340	하버드 秀才 1600명의 공부법	리처드라이트	월간조선사
341	하이퍼포머: 성과로 말하는 핵심인재	류량도	쌤앤파커스
342	하프타임의 고수들	밥 버포드	국제제자훈련원 (DMI)
343	학교가 알려주지 않는 세상의 진실	민성원, 이계안	위즈덤하우스
344	학문의 즐거움	히모나카 헤이즈케	김영사
345	학원 끊고 성적이 올랐어요	정영미	메디치미디어
346	한 번의 비상을 위한 천 번의 점프	브라이언 오서	웅진지식하우스

347	한국 교육에 남기는 마지막 忠言	서남표	21세기북스
348	한국에서 보내는 편지	수베디 외	호밀밭
349	할머니 의사 청진기를 놓다	조병국	삼성출판사
350	행복은 전염된다	니컬러스 크리스태키스 외	김영사
351	현실, 그 가슴 뛰는 마법	리청드 도킨스	김영사
352	현자들의 평생 공부법	김영수	역사의 아침
353	혼자 사는 즐거움	사라 밴 브래스낙	토네이도
354	화성에서 온 남자 금성에서 온 여자	존 그레이	동녘라이프
355	회복탄력성	김주환	위즈덤하우스
356	후흑학	신동준	위즈덤하우스
357	희망의 인문학	얼 쇼리스	이매진

중년을 넘는 기술 15가지 방법

초판 1쇄 2014년 5월 23일

지은이 조계형
발행인 김재홍
책임편집 김태수, 박보라
마케팅 이연실

발행처 도서출판 지식공감
등록번호 제396-2012-000018호
주소 경기도 고양시 일산동구 견달산로225번길 112
전화 031-901-9300
팩스 031-902-0089
홈페이지 www.bookdaum.com

가격 12,000원
ISBN 979-11-5622-028-2 03190

CIP제어번호 CIP2014014751
이 도서의 국립중앙도서관 출판시 도서목록(CIP)은 e-CIP 홈페이지(http://www.nl.go.kr/ecip)에서 이용하실 수 있습니다.